筆記的方法

劉少楠、劉白光——著

讓你的筆記做得好、找得到、用得上！

推薦序
我讀這本書的十五個收穫

「得到」App 創辦人、《閱讀的方法》作者　羅振宇

我決定把這篇推薦序寫得像一組筆記。

它只有一個任務：為你「劇透」我讀這本《筆記的方法》的十五個收穫。

1. 重新認識做筆記。它不是記給別人看的，而是記給自己看的。它不是寫完就扔的廢紙，而是增援自己的魔法。想像一個場景，你今天記的每一則筆記，都相當於給未來的自己遞去一張小紙條：嘿，我有一個好主意……

2. 抓準時機做筆記。比如讀書過程中，你突然發現有個答案很厲害，解決了一個自己原來沒有意識到的問題，心裡立即狂喜，這就是值得做筆記的 AHA 時刻。抓住它！不要讓這樣的時刻溜掉！

3. 你受啟發了，你變興奮了——這個狀態一定有原因，一定是你接收到的資訊觸發了內心的問題意識。不要放過它，順著它

摸下去，說不定會收穫一個超大的瓜。

4. 收藏≠做筆記。做筆記不是照搬照抄，而是記錄你的想法。每次記錄前，都要反過來追問自己：我為什麼覺得這個事情好？我為什麼覺得這個東西妙？剖析自己的內心。堅決不要讓自己的頭腦，變成別人的跑馬場。

5. 用自己的話做筆記。真正的高手其實不藏書，他們有「用自己的話」寫成的筆記。記得我跟萬維鋼商量來「得到」App開課的時候，我說：「你能不能做到每天更新？」萬老師說：「我算算啊。」他翻了翻自己的筆記本，說：「可以，我的存貨至少可以做兩年」。為什麼？因為他每天讀大量的書，遇到好東西馬上摘下來，然後批注「自己的心得」。

6. 學習是什麼？就是把新資訊和自己原來的認知結構縫在一起。筆記是什麼？就是你接收到的資訊，跟記憶結構裡那個正在生長的結構對應出來的產物——這才是真正值得記錄的東西。

7. 記錄你的實戰經驗。小敗或是小勝，都不值得悲喜，重要的是在勝敗的結果中聽到世界給自己的回饋。看到它，抓住它，改進它。如何做到這一點？試試按照這本書建議的方法，記錄實戰經驗吧。

8. 記錄反直覺的資訊。還記得那句話嗎？「同時保有兩種截然相反的觀念還能正常行事，是第一流智慧的標誌。」

9. 精煉你的筆記內容。一個經典故事說得好：如果你不知道怎麼刪自己的稿子，就花自己的錢打電報把它發給出版社。記筆

記也是如此。這不是文字遊戲，而是倒逼思考的好辦法。重要的不是記錄，而是思考。

10. 為你的筆記加上標籤。什麼是好的「標籤」？不是「分類」，而是將來你可能用到這則筆記的「場景」。比如，我的筆記裡就有「#故事」、「#育兒」、「#演講金句」等標籤。只有親手給自己的筆記加上標籤，做好整合、歸類，它們日後才能發展出指數級的網路效應。

11. 定期回顧你的筆記。「記憶是思考的殘留物」，你對某件事情想得愈多，以後就愈有可能記住它。

12. 建構你的提問機器。如果說建立知識體系有什麼祕訣，那就是——不斷把自己置於具體問題、具體挑戰之中。

13. 探索自我，是一個無止境的過程。正如日本百歲人瑞醫師日野原重明所說：「我終於意識到，原來漫漫人生，最不瞭解的竟然是自己。」很多人不知道，探索自我這件事，做筆記也可以幫你。

14. 有人說，AI（人工智慧）來了，還要做筆記嗎？AI 遇弱則弱，遇強則強。而做筆記，就是為了讓你變成更強的自己。

15. 沒有兩個人的筆記一模一樣，因為筆記裡藏著你的偏好、你的思考、你的決策、你的獨特人生。讀完這本書，我「偷看」了少楠和 Light[1] 的四十多則私人筆記。聽這本書的編輯說，作者

---

1. 本書作者之一劉白光。朋友們習慣稱他為 Light，故本書統一採用此稱呼。

會覺得分享這些有點害羞；但作為讀者，我反而覺得，這恰恰是真實筆記該有的樣子，也是一本「筆記之書」所能展現出的最大誠意。

尼采說，我們都是「未完成的人」。

好在，你我都可以透過做筆記這樣的小努力，奔赴更好的自己。

謹為序。

推薦序

好筆記是智慧的土壤

《好好學習》、《好好思考》作者、「複利人生」思想研究者　成甲

　　少楠來找我為這本書寫序言的時候，我毫不猶豫，一口答應。

　　這其實不太符合我推薦書籍的風格——通常我要通讀完全書，綜合評估自己是否有能力並且適合為它寫序言或推薦語之後，才會決定是否推薦。

　　這次我一口答應的原因有三：

　　首先，我相信少楠和 Light 在筆記領域的洞察，他們不會交付一個自己拿不出手的作品。

　　其次，雖然當時我還沒看到這本書的內容，但此前我看過讀者募資此書後，少楠和 Light 發表在小報童[1]上的文稿——雖然不是最終稿，但足以讓我瞭解他們文字的風格和品質。

　　最後，也是最重要的一個原因：我是一名受益於 flomo（浮

---

1. 一款付費專欄工具。

墨筆記）[2] 的深度用戶。

我在《好好學習》[3] 序言中曾提到我生活的一個原則：是什麼幫助我的，我就應該用它回饋更多人。

因為我從 flomo 中受益了，所以我真心希望其他有做筆記的需求，或者有知識管理需求的朋友，也能夠找到屬於自己的「flomo 筆記法」，大幅提升自己學習、思考、創造新成果的效率和品質。

因此，作為一名 flomo 的用戶，能有機會和大家分享一點我在使用 flomo 筆記的過程中收穫的啟發和方法，我深感榮幸。

我的受益包括兩個層面：

1. 用 flomo 有效活化碎片化資訊的價值

二〇二一年六月的一天下午，我在杭州西溪濕地十里芳菲度假村和少楠見面。少楠充滿熱情地和我分享了「什麼是好的筆記工具」。

顯然，過去一段時間他對各種筆記軟體進行了深入的研究，分析了每個代表產品背後的設計思考和可能的優缺點。

我清楚地記得，他當時特別欣賞 Notion[3] 筆記工具的設計理

---

2. 少楠和 Light 經營的一款筆記軟體。flomo 這個名字是「flow（流）」和「memo（備忘錄）」兩個單字的組合，意在幫用戶記錄自己的想法川流。特別說明：本書介紹的筆記方法通用於包括 flomo 在內的各種常見筆記工具。

3. 成甲：《好好學習》，中信出版社，二〇一七年出版。

4. 一款集筆記、知識庫、數據表格、看板、日曆等多種功能於一體的應用程式。

念，說對他啟發很大。

在對現有的各種筆記產品進行分析後，他認為，雖然已經有很多好的筆記工具了，但我們仍然需要一款新工具，讓每天面對各種碎片化資訊的普通人能夠方便地隨時記錄、保存、編輯，還能同樣方便地在多平臺同步、查詢、整理。

這個想法的實踐，就是 flomo 這款筆記工具。

其實一開始，我並沒有完全意識到少楠說的這個產品的價值。直到使用 flomo 一年半之後，我才意識到它的設計理念多麼先進。

知識管理工具的設計，要適應知識管理的應用環境。我們每天從哪裡獲取資訊，獲取什麼樣的資訊，決定了我們需要什麼樣的知識管理工具。

在 PC（個人電腦）時代，我們獲取資訊的途徑，除了紙本書籍和雜誌外，主要是電腦螢幕上的網頁文章。電腦螢幕是我們的主要資訊獲取和輸出媒介，因此為 PC 大螢幕開發的筆記工具，就適合當時的知識管理需求。

到了行動網際網路（Mobile Internet）時代，我們花更多的時間在手機螢幕上閱讀、處理資訊。而手機螢幕的特點，決定了碎片化的短小資訊愈來愈多。這些資訊似乎有些雞肋。你說它「碎片化」吧，它確實有啟發。你說它有啟發呢，又不成體系。

怎麼管理這類碎片化資訊，就成了 PC 時代的筆記工具不擅長的事情。

這個問題，被敏銳的少楠和 Light 發現了。此前少楠就經營著一個頗有影響力的專欄「產品沉思錄」[4]。他把多年來對什麼是一個好產品的思考，集中投射到了如何做一款全新的筆記產品上。

他們具體怎麼想的，大家可以看這本書的內容，我就不贅述了。結果是，他們對 flomo 進行了極簡的設計，給用戶帶來了極大的便利，也給 flomo 帶來了巨大的競爭優勢。在原本已經一片紅海的筆記工具市場，flomo 用短短兩三年殺出了一條新路，不僅屢獲大獎，也贏得了一批忠實用戶。

對我而言，flomo 允許我把即時的靈感和碎片化的資訊便捷地記錄下來，並進行分類和回顧。它幫我用積少成多、「零存整取」的方法，建立、豐富、完善了自己獨特的知識體系。

2. 用 flomo 解決自己的問題，創造「知識的複利」

少楠和 Light 在書中介紹了他們使用 flomo 的方法，以啟迪讀者找到自己的方法。我也有一些心得，不敢私藏，在這裡分享出來。

首先，在我看來，flomo 便於管理碎片化資訊的優勢包括：

‧非常便捷，打開速度快，基本做到了可以讓人隨時記錄。

‧用「@＋關鍵字」的方式，就能快速在不同筆記之間建立連結。

‧標籤功能輸入方便，對於已經建立的標籤，還可以隨時批

---

4. 一個關於產品的知識庫，主理人是少楠和 fonter。

量修改。

　・搜尋功能便捷，可以用多個關鍵字、多個條件組合搜索，這在筆記數量多的時候，能極大提高查找筆記的效率。

　在這些優勢的基礎上，我和我的同事創造了一些適合自己的碎片化資訊管理方法，比如：

　（1）隨時輸入

　每每產生一個念頭，我都可以打開 flomo，隨時用「語音轉文字」的方式輸入自己的想法，以待之後加工。

　（2）用特殊但標準的格式記錄

　隨著積累的筆記愈來愈多，查找起來會很麻煩，於是我就用特殊但標準的格式來對自己的筆記進行分類。比如，如果是描述概念的筆記，我會以「概念：XX」這樣的格式開頭。像金錢的概念，開頭就是「概念：金錢」。

　如果只用「金錢」這個關鍵字搜尋，那麼我可能會搜出幾百則筆記，查找起來很困難。但如果搜的是「概念：金錢」這個關鍵字，那麼我搜尋到的就會是幾乎唯一的一則筆記，這就極大地提升了我的搜尋效率。

　（3）十字座標標籤法

　按特定格式記錄的方法適用於查找一篇指定的筆記，但如果我要查找一系列的相關筆記，這個方法就不好用了。

　這時就要用到「標籤」功能。

關於如何加上標籤，少楠和 Light 在這本書裡有詳細的論述。我的同事王佼在學習少楠、古典等各位老師管理卡片的經驗後，基於 flomo 的標籤功能，發展出了一套「十字座標標籤法」，透過為不同類型的素材卡片加類似經緯度的定位標籤，在批量提取卡片、集中寫作、研究素材等方面獲得了極大的便利。

這些方法幫助我在過去一年裡完成了幾百篇短文，同時為幾本書積累了素材；這些方法幫助王佼在半年內完成了三門課程的開發⋯⋯

這些都證明，flomo 在提升知識工作效率方面具有極強的適應性和競爭力。

我在這裡現身說法，就是希望你能感受到用好 flomo 所能產生的價值。

當然，再好的工具，也需要你懂得如何使用。

flomo 的強大適應性，建立在產品極簡風格的基礎上。但極簡的風格，也可能導致很多用戶一開始只是看到一個簡潔、空白的輸入框，不知所措。用戶如果無法理解這個工具，也就無法享受到它的便利。所以，合理的使用方法就變得尤為重要。

為了讓更多用戶用好 flomo，少楠和 Light 在 flomo App 上開設了 flomo 101[5] 頻道，分享他們和用戶的使用經驗，還時不時在

---

5. flomo 的幫助中心，包含 flomo 的使用指南，做筆記的思維方式、具體方法、實踐案例等內容。

微信公眾號上更新相關的使用方法。

現在，我們有了一個更好的選擇。

在《筆記的方法》這本書中，少楠和 Light 進一步講解了 flomo 的使用方法。

更重要的是，這本書聚焦於「如何讓筆記幫助我們解決問題」這一非常實用的主題，並且在闡述這個問題時，融合了多種方法、心法，以及少楠和 Light 詳細、真實的自我解剖案例，用這些一手的想法和經驗，讓我們不僅能夠從「筆記的方法」中受益，還能從少楠和 Light 真誠的自我剖析中受益。

我很開心，終於等到《筆記的方法》正式出版。這本書在集資階段就已經有超過六千人預訂，可見大家需求的迫切。我十分期待它能讓更多讀者學會使用「筆記的方法」，早日收穫記錄、積累、創造自己智慧的美好體驗。

掌握了正確的方法後，你會發現，flomo 的哲學是真的：「持續不斷記錄，意義自然浮現。」

自序
做筆記，是為了增援未來的自己

Hi，你好呀朋友。

我想正看這本書的你，很高機率是一個對知識有著強烈渴望，希望自己能進步的朋友。

但我猜，在自我精進的道路上，你大概也有不少困惑吧？比如感覺自己已經很努力了，每天花很多時間看書、聽書，但還是原地踏步；又或是面對層出不窮的新知識、新概念，不知道到底該學什麼；再或是收藏了許多文章，記了很多筆記，遇到問題卻用不上；甚至看了許多關於「知識管理」、「第二大腦」的文章，還是沒有弄清楚該積累什麼知識，以及如何做好知識管理。

別擔心，你並不孤單，我們也曾和你一樣困惑。

對了，先容我們做個簡單的自我介紹：我叫少楠，和我的合夥人 Light 一起，目前在經營 flomo 這款產品。雖然稱不上什麼獨角獸，但在不融資的情況下，flomo 也已經有了幾百萬用戶，獲得了許多獎項。

特別說明一下，這本書是我和 Light 共同創作的作品，為了

方便敘述和理解，大部分內容由我透過第一人稱敘述。

或許你會奇怪，這兩人不好好做軟體，幹麼不務正業來寫書呢？之所以想寫這本書，是因為我們在創業過程中意識到，許多普通人關於做筆記和自我成長的問題，不是僅靠筆記工具就能解決的，大家缺少的不是工具，而是使用工具的方法。

那麼，能否結合我們自己的實踐和用戶回饋，重新設計一套更適合普通人用的「筆記的方法」？這個目標成了我們寫這本書的初心。**請放心，這套方法不是要求你必須使用 flomo，而是我們對「如何有效做筆記」這個話題的思考與實踐——它是可以通用於各種筆記工具的。**

與此同時，這本書裡沒有太多形而上的理論框架，而是降落在粗糙的現實地表之上，扎根在具體的問題之中，透過一個又一個具體的案例，幫你學會有效做筆記。

做筆記，從入門到放棄

讓我們把時針調回到十幾年前，那時候我初入職場，iPhone4 剛剛發布，世界正醞釀著進入行動網際網路時代。作為一個初出茅廬的小夥子，我尚不知道該如何應對那巨大的、不確定的、資訊爆炸的未來。

一個偶然的機會，職場導師看到我總愛拿個速寫本寫寫畫畫，然後隨手把記錄的內容丟掉，就好奇地問我：「你這筆記怎

麼記得這麼隨意？」

我心想：嗯？筆記本不就是草稿紙嗎？做筆記還能有什麼講究？但當導師打開他電腦上的筆記工具時，我被震撼了。他的筆記既有序又詳細：

· 對產品的規劃和思考。

· 日常訪談用戶的記錄。

· 日常開會的紀要。

· 尚未閱讀的收藏內容。

· ......

我不禁感慨，這些大都是我們一起經歷的事情、一起看過的資料，但我留下的只有手中散亂的筆記和大腦中殘存的記憶，以至於每次開會或者設計方案都是一輪重啟。相比之下，導師每次開會都游刃有餘，許多資料和方案信手拈來。

後來，我從他那裡學到一個時髦的詞——第二大腦，也就是把筆記系統作為大腦的「外掛」，就好像擁有了第二個大腦一樣。

痛定思痛，我當即決定開始創立自己的「第二大腦」。和許多第一次接觸這個概念的人一樣，我開始研究許多教程——如何創建完整的分類、嚴謹的流程，如何實現各種工具之間的連動，等等。我想像著，「第二大腦」建好後，我的思維能力和認知水準一定能有突飛猛進的提升。

如果這是一本講成功學的書，恐怕就應該寫我如何因此走上

人生巔峰了。但這是一本樸素的小書，所以不妨誠實地告訴你：現實很快就把我的臉打得生疼。

比如，我很快就陷入了時間黑洞。且不說試用各種工具就耗時不少，摸索如何創立「第二大腦」的過程，更是不斷吞噬我的時間。就拿如何建立分類來說，到底是按照中國圖書館分類法[1]，還是按照杜威十進制圖書分類法[2]？選定分類後，據此整理筆記還要花費更多時間，以至於我每次新建內容都要小心翼翼，生怕放錯了地方。

此外，我開始利用各種剪藏[3]類工具大量囤積知識，希望未來用得到——這個過程就像一個人第一次吃自助餐一樣，先在盤子裡堆滿貴的食物再說，根本沒想好自己愛不愛吃，能不能吃掉。

隨著系統愈來愈複雜，剪藏的內容愈來愈多，我維護「第二大腦」的成本愈來愈高，收益卻遲遲未見。新鮮感過去之後，我開始逐漸棄用整套工具和方法，又回到原始狀態，不敢面對那個曾被自己寄予厚望的「第二大腦」。

故事到這裡並未結束，因為在接下來的幾年中，每當有「革

---

1. 新中國成立後編製出版的一部具有代表性的大型綜合性分類法，是當今中國圖書館使用最廣泛的分類法體系。
2. 一八七六年由美國圖書館專家麥爾威．杜威（Melvil Dewey）撰寫並出版的圖書分類法。
3. 將感興趣的內容從網路或其他媒體上截取下來收藏、保存。

命性」的工具或方法出現，我還是會再次興奮起來，感覺像是遇到了救星一樣。然而歷史總是重複，我經歷了一次次「從入門到放棄」的過程……

我們都誤解了什麼才是「做筆記」

人類的許多衝突，都源於無法對相關概念進行澄清。概念的模糊，導致我們無法清晰地思考，也就無法指導具體的生活。

近十年間多次「從入門到放棄」後，我逐漸意識到，**或許我們都誤解了什麼是「做筆記」**。

讓我們回到原點，重新審視一下。我們為何要做筆記？不是為了蒐集資訊，而是希望未來遇到問題時，這些知識能幫上忙，即**增援未來的自己**。

說得再具體些，所謂「增援未來的自己」，就是當未來的自己遇到問題時，我們能借助過往的筆記找到解決問題的某個**想法、線索或依據**。

比如，當我們創業遇到商標註冊的卡點，不知道該怎麼辦時，如果恰好之前處理過類似問題，並做了詳細的筆記，那麼我們就可以直接找到這則筆記，把它當作一個**想法**，用來解決現在的問題。

再比如，有段時間我猶豫要不要辭職創業，十分糾結，回顧筆記時翻到過往記錄的一則貝佐斯的決策原則──讓遺憾最小

化。這則筆記就成了一個**線索**，讓我沿著「如何讓遺憾最小化」這個方向去思考，弄清楚自己到底想要的是什麼，恐懼的是什麼。

又比如，在 Light 的筆記中，有許多他投資和經營的關鍵決策記錄。我問他為何記這些，他回答說：「這樣未來需要做出重大決策或復盤的時候，我就可以把這些筆記作為**依據**。」

你看，我們做筆記的目的，應該是在未來某一天，讓記過的筆記透過各種各樣的方式增援我們，幫助我們解決遇到的問題。

做筆記不是蒐集，而是對資訊進行「預處理」

要想讓過往的筆記可以被提取出來，實現上述有效增援，我們需要重新梳理做筆記的過程——**不再以蒐集資訊為主，而是轉變為對資訊的「預處理」**。

為何這麼說？因為如果只是蒐集資訊，它們往往派不上用場。這就像你日常收集了許多汽車零件，按理說在你需要的時候，它們應該能拼成一輛車。但實際上，真正需要車的那一刻，你未必有充足的時間從頭開始組裝。面對數不勝數的零件，你甚至連認對它們都很難。於是你要麼選擇徒步，要麼隨便湊合一下就上路了——過去的積累看似很多，但在實際問題面前毫無用處。

而如果日常收集零件時，你能有意識地瞭解它們的作用大概是什麼，應該和哪些零件搭配在一起，甚至提前進行一些預處理——把底盤拼好，把發動機收拾好，經常盤點它們的狀態，那

麼有需要時，你就可以快速把它們拼裝成賽車或貨車，更順利地去往遠方。

　　所以，蒐集資訊固然重要，但對資訊進行「預處理」，才是「做筆記」的核心所在。透過「預處理」，你可以把筆記儲備到一種被活化、有能力的狀態，讓它們隨時準備好被你提取，為你所用——由此實現前文所說的有效「增援」。

如何更好地對資訊進行「預處理」

　　那麼具體如何對資訊進行「預處理」呢？

　　這就需要我們做筆記時做好三個方面的準備，也是本書想要分享給你的三種關鍵方法——用自己的話做筆記；用標籤為筆記分類；透過回顧持續刺激。

　　・用自己的話做筆記，能讓資訊在你的大腦深處「刮」一道痕，方便你提取時有跡可循。

　　・用標籤為筆記分類，能讓筆記裡的知識網路化，方便你由點及面，找到關聯知識。

　　・透過回顧持續刺激，能讓你的記憶不斷加深、知識不斷內化，方便你快速提取。

　　需要注意的是，以上三種方法同等重要，需要我們經常做，反覆做，時刻準備著，為增援未來的自己儲能。

除了如何做筆記，我們還會在本書中分享：如何更好地蒐集資訊，才能讓你事半功倍，避免低水準的勤奮；如何修練底層心法，才能讓你變得更強，讓做過的筆記為你所用。

認清明日去向，不忘昨日來路

沒有人能從零開始創造。我們也是站在前人的肩膀上，一邊借鑑，一邊發展。

本書介紹的筆記方法，借鑑了德國著名社會學家尼克拉斯・魯曼（Niklas Luhmann）的 Zettelkasten 方法（卡片盒筆記法）。Zettelkasten 是德語中 Zettel（卡片）和 Kasten（盒子）兩個單字的組合。魯曼會在大小統一的卡片上，按固定的格式做筆記，然後按順序把記過的筆記存儲在卡片盒裡。

仔細翻看歷史，魯曼曾謙虛地表示，**自己並沒有發明卡片筆記法**。的確，在他浩如煙海的著作中，僅有一篇一九九二年發表的文章〈與卡片盒交流〉（「Communicating with Slip Boxes」）提到了這套方法，但也只是簡單提及，並未詳細論述。而魯曼的小兒子克萊門斯・魯曼（Clemens Luhmann）在一次訪談中提到，這套方法衍生於一九五一年約翰尼斯・埃里希・海德（Johannes Erich Heyde）的著作《科學工作技術》（Technik des wissenschaftlichen Arbeitens）中提到的方法。

不僅如此，除了魯曼之外，還有許多知識工作者[4]曾經使用

的筆記方法，都和 Zettelkasten 有關，比如：

· 瑞士博物館學家、目錄學家康拉德·格斯納（Conrad Gesner）

· 瑞典生物學家卡爾·林奈（Carl Linnaeus）

· 德國浪漫主義作家尚·保羅（Jean Paul）

· 俄裔美籍作家弗拉基米爾·納博科夫（VladimirNabokov）

· ……

　　而近些年來，這套方法依然在不斷進化。比如申克·艾倫斯（Sönke Ahrens）博士基於此總結的《卡片盒筆記：最高效思考筆記術，德國教授超強祕技，促進寫作、學習與思考，使你洞見源源不斷，成為專家》[5]、全端工程師安迪·馬圖沙克（Andy Matuschak）提出的長青筆記（Evergreen Notes）概念、知名效率專家提亞戈·佛特（Tiago Forte）的 PARA 法及漸進式筆記等。在這些方法和理念背後，我們都能看到卡片筆記法的身影。

　　你看，卡片筆記法並不是某個人的獨創發明，而更像是今天流行的開源軟體——自其誕生後，任何人都可以借鑑、修改、使用、發展。而本書所介紹的筆記方法，是卡片盒筆記法在此時此地的一個新的分支。

---

4. 泛指具備和應用專門知識從事生產工作，為社會創造出有用的產品和服務的人群。

5. 〔德〕申克·艾倫斯：《卡片盒筆記：最高效思考筆記術，德國教授超強秘技，促進寫作、學習與思考，使你洞見源源不斷，成為專家》，吳琪仁譯，遠流出版，二○二二年出版。

在本書第二部分〈記錄篇〉，我們主要繼承了卡片盒筆記法的以下兩點：

1. 用自己的話記錄，捕捉核心內容，不做「知識的搬運工」。
2. 分類不是規劃出來的，而是自然生長出來的。

不過，如魯曼及其他人一樣，我們亦結合了自己的實踐和今日大多數普通人的實際問題不斷發展，增加了一些獨有內容，比如：

1. 從普通人視角出發，著重介紹了如何用筆記增援自己的方法及案例。
2. 從實操角度出發，增加了如何記錄、如何分類、如何回顧的原則與建議。
3. 配合記錄的方法，提供了一套獲取高品質資訊的方法。
4. 配合記錄的方法，補充了兩種容易被忽略的底層心法。

從這個視角來看，《筆記的方法》繼承了卡片盒筆記法的部分理念，同時發展了這套方法，做了許多新的補充。

我們之所以提及這段歷史，一方面是為了向啟發過我們的前輩致敬，另一方面其實是想告訴你，重要的不是讀完這本書，然後照著做一遍，而是要像對待開源軟體那樣，結合你的需求和環境，創造出屬於你自己的方法。

如若本書介紹的筆記方法能成為你有效做筆記的基石之一，

我們會倍感開心。

最後，讓我們再梳理一下「用筆記增援自己」的關鍵環節，以便你對整本書的結構有個概覽：

‧第一，蒐集，我們會四處「找原料」，蒐集資訊，進行初步積累。

‧第二，記錄，我們會使用三種方法對資訊進行預處理，使筆記處於「待命」狀態。

‧第三，應用，未來某一刻，當遇到問題需要增援時，我們可以去做過的筆記裡尋求幫助。

‧第四，心法，最重要的是，每個人都要找到自己的北極星，然後持續不斷地前行。

接下來，本書將用〈應用篇〉、〈記錄篇〉、〈蒐集篇〉、〈心法篇〉四大部分，帶你一步步重新理解做筆記這件事，讓你學會如何透過做筆記，增援未來的自己。

那麼，開始我們的旅途吧。

目 錄

1

應用篇
PART

如何用筆記，
增援未來的自己

前文提到，做筆記的核心價值在於增援未來的自己。

我們日常遇到問題，固然可以借助搜尋引擎查詢，甚至借用 AI 工具獲得參考資訊，但這些辦法都屬於去陌生的環境裡尋找公共資訊，不是不能用，而是不容易解決個性化問題，尤其是個性化的複雜問題。

面對這類問題，我們最寶貴的增援，應該源於自己精心預處理過的筆記。比如對我來說，每當遇到棘手問題，我都會習慣性地翻看過往的筆記，而不是立即向外求助。

你可能覺得，「增援未來的自己」聽起來有點抽象。所謂「增援」到底是什麼意思？如何才能獲得有效的增援？

接下來，我會根據過往的實踐經驗，以及我觀察到的別人記筆記、用筆記的思路，把筆記帶來的增援總結為三種常見的方式，供你參考。一旦知道筆記能夠以什麼方式增援我們，你也就能知道，自己可以透過什麼方式把筆記用起來。

給「想法」，讓你拿來就能用

第一種常見的增援方式叫做給「想法」。

不知道你有沒有過這種體驗？面對難題沒思路的時候，你對著空空的螢幕或者攤開的白紙冥思苦想，往往一籌莫展；而筋疲力盡決定換換腦子，比如去洗個澡的時候，你卻可能產生有價值的想法——當然這是非常幸運的情況。

許多時候，「想法」並不會因為我們的努力而準時出現，甚至可能適得其反。所以更好的做法是，在「想法」出現的時候記錄它們，這樣當你毫無頭緒的時候，過去記錄的「想法」，或許就能為你解決當下的問題提供一些思路。

在我的筆記裡，不少內容都和「想法」有關，小到產品設計細節、文章標題，大到業務規劃等，涉及方方面面。這些「想法」很少是在要用的時候臨時想到的，而是在日常不經意間萌發，並被我及時記錄下來的。

比如我們有個服務叫「小報童」——一個付費專欄平臺，創作者可以透過這個平臺把自己的知識結集分享，獲取體面的收益。許多人可能覺得奇怪：你和 Light 不是做筆記產品的嗎？為什麼突然又去做一個付費專欄業務？其實這個想法隱藏在我二○二○年記錄的一則筆記裡。彼時我和 Light 在上海討論 flomo，以及這家公司的未來。聊完正事，我們又閒聊了一些以後想做的事情，其中一個想法就是重新設計一款更現代的 RSS 閱讀器[1]。

我們倆都是 Web 2.0 時代的 blogger（博客作者），相識也是因為博客，而博客時代最熱門的工具就是 RSS 閱讀器。後來，隨著 Google Reader（谷歌閱讀器）的退場，博客日漸式微，許多工具也就不再更新。

聊著聊著我們發現，RSS 閱讀器類產品之所以沒落，不是因為產品不行，而是供給方出了問題——優質的深度內容本來產量就低，加上不如「標題黨」來得吸睛，導致好的創作者得不到足夠的回報，所以優質創作者和優質內容的數量愈來愈少。因此，要想讓閱讀器持續有價值，就要有優質的內容持續產生；而要想有優質的內容持續產生，就要給創作者足夠多的回報——這也意味著，我們必須顛覆創作者靠蹭熱點吸引流量、靠植入廣告賺取收入的商業模式。

聊到這裡，我在筆記裡記錄了一個粗糙的想法：「不是做一款閱讀器，而是做一個能讓創作者賺取收益的工具；重要的是設計新模式，解決激勵問題。」之後的日子裡，我們偶爾也會提到這個想法，然後興致勃勃地討論一番。雖然未曾有什麼確切的結果，但許多討論過程中的要點都被我記了下來，整個想法也一點

---

1. RSS 全稱為 RDF Site Summary 或 Really Simple Syndicatio，譯作簡易訊息聚合或聚合內容，是一種消息來源格式規範，用以聚合多個網站更新的內容並自動通知網站訂閱者。使用 RSS 後，訂閱者無須手動查看網站是否有新的內容，因為 RSS 會整合多個網站更新的內容，並以摘要形式呈現給訂閱者，幫助訂閱者快速獲取重要訊息並有選擇地查看。RSS 閱讀器指一種軟體或一個程序，用來實現 RSS 訊息的獲取與訂閱。

一點變得清晰。

二〇二一年秋，許多 flomo 用戶提到希望有「共享筆記」功能，我們便思考要不要做。思考過程中我們發現，「共享筆記」相當於「共享內容」的一種形式，無論何時何地，好內容都需要好的創作者。這讓我想起自己在上海和 Light 討論 RSS 閱讀器時記錄的那個想法：重要的不是功能，而是設計新模式，解決激勵問題。緊接著我又想到，如果要設計新模式，我們為何不做個新業務？如果新業務成功了，可以用來給 flomo 做參考；如果失敗了，也不會打擾現有的 flomo 用戶。

於是，繼 flomo 之後，我們的第二個服務「小報童」在二〇二一年冬日上線了。你看，這個業務並不是我們拍腦袋想出來的，也不是我們看到海外某些產品火爆，於是一時興起復刻一個，而是源自一個一年前記錄的「想法」。

關於筆記如何以「想法」這種方式增援我們，我再分享一個關於寫作的小案例。

我有一個付費專欄叫「產品沉思錄」，到二〇二三年已經持續更新七年有餘。具體來說，我每週都會從自己閱讀的幾十篇到上百篇文章中，選擇四篇最有啟發的，寫下自己的看法分享給讀者。每期文章少則五、六千字，多則上萬字。

我之所以能堅持做這件事，有個很重要的原因，那就是我寫每篇文章都不是從零開始的，而是從筆記裡的「想法」開始的。比如，準備當週文章時，我會先翻閱一下本週記錄的筆記，從中

找到一些有趣的「想法」並據此確定主題，然後我會對這些想法進行一定的串聯、改寫、擴寫等，最終彙聚成一篇文章。打個比方，之前記錄的想法就像洗淨切好的食材，而寫文章則像烹飪菜餚。食材準備好了，我做菜就能輕鬆很多，而不是等油熱了才發現菜還沒洗。

其實受益於這種增援方式的不只是我，還有我身邊的朋友們。比如曹將，他的代表作《高效學習》[2]這本書，就是借助此前在筆記裡記錄的「想法」寫出來的。[3]一開始，他會有意識地圍繞「高效學習」這個主題積累素材、記錄筆記，等到寫書沒想法、沒思路的時候，他就會把相關筆記全部調出來，將其用作這本書的觀點、案例或方法。

當然，去筆記裡找「想法」這種用法不是我們發明的，而是來自前人的經驗。比如德國著名社會學家魯曼一生積累了約九萬張卡片盒筆記，雖然我們很難精準考證這些筆記裡「想法」的占比，但魯曼曾在文章中提到，他非常注重對「想法」的記錄和積累。每當寫文章、寫書的時候，他都會把相關筆記找出來做參考。也正是這些包含「想法」的筆記，幫助他一年拿下博士學位，五個月完成論文獲得教授資格，一生寫出五十多本書和上

---

2. 曹將：《高效學習》，清華大學出版社二〇二二年出版。

3. 曹將：《想不到，我居然用 flomo 來寫書》，https://mp.weixin.qq.com/s/KSZTf-es7jpANN2
   c6f3LFw，二〇二三年七月十日訪問。

百篇論文。

你看，給「想法」是筆記增援我們的重要方式，每個人都能受益於此。當你需要準備年終總結、公開演講、寫文章，卻苦於缺少「好想法」的時候，你都可以去筆記裡找一找，看看能否獲得有力的增援。

給「線索」，為你提供新方向

如果你覺得，從筆記裡找到直接可用的「想法」可遇不可求。別著急，我們還可以退而求其次，看看第二種常見的增援方式，給「線索」。所謂給「線索」，指的是當你面對問題無從下手的時候，過去的筆記可以為你提示幾種不同的解決思路，供你去探索。「線索」雖然沒有「想法」用起來那麼直接，但也是寶貴的增援，往往可以幫我們打開新思路。

舉個例子。我在二〇一七至二〇二一年親歷了一個線上問診平臺從 0 到 1 的過程。這個平臺的作用是讓患者和醫師實現線上溝通——患者們可以線上諮詢專業醫師的意見，醫師們也能利用閒暇時間提供服務。

剛開始經營沒多久，我們就收到很多用戶的回饋：你們平臺上醫師是真的嗎？我們很費解：當然是真的，每位醫師都經過了嚴格的證件審核。用戶接著問：那為什麼他們的頭像都是貓貓狗狗、花草、小孩？看起來就不可靠啊。

仔細想想，這個問題雖然不會產生什麼惡劣影響，但患者的感受確實不好。想像一下，你掏了幾十塊錢對著一隻「小貓」陳述病情，然後聽「小貓」給你提供醫囑，是不是感覺怪怪的？

怎麼辦？團隊的第一反應是，勒令限期整改，要求醫師換上正式、專業的頭像。本以為這麼簡單的事情，醫師們很快就能換好，沒想到進展卻並不順利。比如許多醫師沒有正式工作照的原件，於是翻拍其他證件上的照片上傳，導致頭像看起來更假了；還有一些大咖一直用某個暱稱和頭像行走江湖，擔心換了之後患者不認識自己……

這時候，平臺如果執意懲罰醫師，會讓本不充足的醫師供給雪上加霜；不罰吧，又會導致新來的醫師有樣學樣。於是我開始思考，換個角度看，除了「懲罰」，我們還可能採取什麼辦法呢？

這讓我想到自己二〇二〇年讀過的一篇文章——〈平臺治理的再思考〉[4]，其中提到了勞倫斯・雷席格（Lawrence Lessig）教授的一本書《代碼2.0》。這本書裡好像介紹過治理平臺的不同要素，我還做過讀書筆記。

想到這裡，我趕緊找到那則讀書筆記，重溫了其中記錄的四個要素——道德、法律、市場、體系結構。看過筆記後，我有了兩方面的啟發。一方面我意識到，像我們這種遇到點事就要動用

---

4. 經濟觀察網：《平台治理的再思考》，http://www.eeo.com.cn/2018/0906/336488.shtml 二〇二三年九月一日訪問。

懲罰手段的處理方式，相當於運用「法律」要素。問題是，如果凡事都這麼做，平臺供給方（醫師）的積極性就會被打壓，所以不能一味懲罰。另一方面，這則筆記還為我提供了新「線索」：治理平臺可以考慮的要素有四種，除了「法律」，我們能不能嘗試借助其他要素解決問題？

比如，嘗試引入「道德」要素，宣傳正面案例，把做得好的醫師作為榜樣？說做就做，我們迅速給平臺上的所有醫師寫了一封信，信裡沒有強迫大家換頭像，而是放了一位患者的回饋。患者說：「本來不知道怎麼給寶寶選醫師，結果看到某醫師的頭像正規又可靠，就抱著試試看的態度問診，結果遠超預期，以後有需要還找他。」就在這封信發出去的第二天，我們發現許多醫師開始主動換頭像，甚至在群裡互相打聽如何拍出更好的工作照，要不要掛聽診器……

你看，我的讀書筆記雖然沒有直接告訴我該怎麼做，沒有給我一個拿來就用的「想法」，卻提示了幾個可能的「線索」，讓我有了解決問題的新方向，這同樣是寶貴的增援。

當然這個例子比較特殊，不同線索都集中在同一則筆記裡。實際上，給「線索」這種增援方式更常見於同一分類下的不同筆記。比如在「如何治理平臺」這個分類下，我記了很多則筆記，這些筆記提供了多個不同的方向供我探索——這種情況更加常見。關於如何給筆記分類、如何調取不同分類下的筆記，本書後文會詳細展開，這裡先不贅述。

給「依據」，讓你行動有支撐

除了「想法」和「線索」，筆記還可以提供第三種增援方式，那就是給「依據」。它指的是，當我們對某問題有了初步的解決思路，但不確定要不要據此決策或行動的時候，筆記可以提供事實層面的增援，讓我們有據可依。

舉個例子。剛開始創立 flomo 官網時，我們想，這個網站除了介紹 flomo 是什麼、這個產品有什麼功能之外，是不是還可以放其他一些對用戶有幫助的內容？比如有參考價值的用戶案例、值得借鑑的筆記方法。這樣，用戶看過官網之後，不僅可以知道如何下載、使用 flomo，而且還能學到一些實用的筆記方法，比如記什麼內容、怎麼給筆記分類等等。

有了這個想法，接下來就是決定要不要投入時間、精力去執行了。在這個過程中，一則筆記讓我們堅定了做這件事的決心，因為它從事實層面給了我們「一定要做」的另一個依據。

那則筆記來源於我讀過的一篇文章——前可汗學院的工程師安迪・馬圖沙克寫的〈我們如何開發革命性思維工具〉[5]。那篇文章裡有段事實對我啟發很大，被我記在了筆記裡：

Adobe 開發 Illustrator、Photoshop 等工具要付出高昂的成本，

---

5. Andy Matuschak and Michael Nielsen, How can we Develop Transformative Tools for Thought?, https://numinous.productions/ttft , san Francisco, August, 2023 .

而且很難阻止其他公司廉價地複製這些想法或開發類似的東西。比如，Sketch 可以蠶食 Adobe 的市場份額，而不需要在研究上投入巨額資金——這是它相對於 Adobe 的一大優勢。

　　許多思維工具都是公共產品。開發者最初開發它們通常要花很多錢，但是其他人很容易複製和改進它們，免費使用最初的投資。雖然這種複製和改進對整個社會來說是好事，但對那些進行初始投資的公司來說，卻不是好事。

　　為什麼說這段事實為我們的行動提供了依據？因為我們據此想到，作為一款思維工具，flomo 也會面臨同樣的問題——初期開發費錢且燒腦，而一旦開發成功，其他人就可能「免費」使用這些想法。比如 Notion 成功後，多少團隊冒出來借鑑其各種設計？

　　所以，要想避免這類問題，我們就要讓用戶投入時間、精力持續在 flomo 裡記錄有價值的筆記。因為筆記由用戶自己創造，所以用戶的黏性會增強，遷移動力也會減弱。而為了讓用戶在 flomo 記錄更多有價值的筆記，我們想做的那件事就更有必要了。於是我們毫不猶豫地在 flomo 官網增加了 flomo101 這個特別的幫助中心，為大家分享關於「如何有效做筆記」的各種案例和方法。你看，過去記錄的一則筆記變成了我們做出決策的重要依據。

　　其實不只是我會把筆記當「依據」來用。望岳投資的南添老師也會記錄與投資有關的事實，以及事實之間的關係，這樣記得

多了，他做投資決策就有了更多依據。我還採訪過一位健身教練，他會記錄學員的各項身體指標，還會記錄營養學知識，這樣記得多了，他為學員制定訓練計劃、提供飲食建議也就有了依據。

把筆記作為「依據」，這種增援方式值得我們每個人應用起來——因為不管你從事什麼職業，扮演什麼角色，都要做出決策、輸出行動，以影響現實世界、達成你的目標，而那些被你記在筆記裡的事實資訊，往往可以在關鍵時刻幫你一把。

小結

筆記的最終價值在於應用。如果不知道如何用，那麼我們學再多的方法也沒有意義。

如何把筆記用起來？至少有三種方式：把筆記作為「想法」的來源、把筆記作為「線索」的來源、把筆記作為「依據」的來源。瞭解了這三種方式，一方面你能有抓手，知道可以從筆記裡獲得哪些增援；另一方面你也能據此識別需求，知道自己需要哪種增援。以上是我們的階段性經驗，希望對你有啟發，期待你基於此探索新的增援方式。

最後，來自筆記的「增援」不是自動發生的，而是需要我們掌握有效做筆記的方法，做好「資訊預處理」。接下來我們就來看看，如何做筆記，才能做好資訊預處理。

41

PART 2

記錄篇

如何做筆記，
做好資訊預處理

用自己的話做筆記

為什麼要用自己的話做筆記

做好資訊預處理的第一種方法，叫做「用自己的話做筆記」。簡單來說，就是做筆記的時候不要照搬別人的東西，而要加入你自己的想法。

這個方法看似樸素，卻十分有效，因為它可以幫我們應對記筆記的兩大挑戰：一是明明記了很多筆記，卻想不起來；二是即使找到相關筆記，也很難快速應用於待解決的問題。

下面讓我們一起來看看具體案例。

有益的困境，幫你想起做過的筆記

要想把筆記用起來，最常遇見的挑戰是，明明記了很多筆記，卻想不起自己記過什麼。

相信你也遇到過類似的問題：花力氣蒐集了很多資訊，記錄了很多筆記以備後用，但每當遇到問題，依然要從零開始找靈感、

找線索、找啟發——因為你已經想不起自己記過什麼筆記，還不如用搜尋引擎直接搜尋來得快。

對於這一點我深有體會。記得有一次搬家，我意外地在書櫃底部找到一個光碟片收納夾，裡面放著幾十張刻錄好的光碟，看封面備注應該是大學時代認為很珍貴的資料。尷尬的是，我完全想不起裡面存了什麼資訊。如果沒有光碟這種看得見、摸得著的實體，恐怕我這輩子都不會和這些資料再次相遇。

或許你會覺得疑惑，刻光碟和做筆記有什麼關係？實際上，雖然今天光碟基本上已經退出歷史舞臺，但包括我在內，很多人都曾經或者正在用類似「拷貝資訊到光碟」的方式做筆記——俗稱「知識的搬運工」。比如，讀書的時候，熱衷於在金句下面劃線，或者只是複製、貼上作者的話到筆記軟體裡；看到不錯的文章，輕輕點擊「收藏」按鈕，或者把文章連結一鍵轉存到筆記軟體裡……

如果你也這樣做筆記，不妨問問自己，你的筆記裡存儲了什麼資訊，記錄了哪些知識？是不是很難想起半年前記過什麼？

奇怪，為什麼我們勤奮地存了那麼多資訊、記了那麼多筆記，事後卻連想都想不起來？這個問題的答案，要從一個理論中尋得——有益的困境（desirable difficulty）理論。

所謂有益的困境理論，是認知科學家畢約克夫婦（Robert A. Bjork& Elizabeth Ligon Bjork）在一九九四年提出的。它的主要內容是，人的記憶有兩種基本機制：儲存和提取。過去，人們通常

以為，記得愈快，學習效果愈好。簡言之，儲存愈容易，提取就愈快。但畢約克的實驗發現了與常識相反的結論：「儲存與提取負相關。」也就是說，存入記憶愈容易，提取出來愈困難；反之，如果你存入得有些吃力，知識提取會更方便。[1]

發現了嗎？很多人把「做筆記」和「蒐集資訊」搞混了，認為勤奮地一鍵收藏好文、保存連結，劃線、複製、貼上，就是在做筆記。但根據有益的困境理論，這種儲存方式太過「容易」，只需輕點幾個按鈕即可完成，既沒有花費力氣去理解其中的涵義，也沒有和過往的知識進行連結，以至於難以提取——想不起來，更用不上。

理解了有益的困境理論，我們再來看「用自己的話做筆記」背後的意義。這種方法其實是幫助你在記錄時增加必要的「儲存難度」，以便你未來遇到問題，更有可能想起（提取）記過的筆記。

舉個例子，我在某線上問診平臺工作的時候，遇到過一個棘手問題：由於線上問診剛出現不久，很多醫師不知道怎麼給自己的線上服務定價——如果按醫院的門診掛號費定價，訂單量可能會爆炸，導致醫師無法在規定時間內履約；而如果像滴滴打車一樣統一定價，又解決不了不同科室、不同醫師之間的差異問題。

---

1. UCLA, Applying Cognitive psychology to Enhance Educational practice, https://bjorklab. psych.ucla.edu/research/, August, 2023.〔德〕申克・艾倫斯：《卡片盒筆記：德國教授超強秘技，最高效思考筆記術，促進寫作、學習與思考，使你洞見源源不斷，成為專家》，吳琪仁譯，遠流出版社二〇二二年出版。

怎麼辦？

面對這個問題，一個關鍵字在我腦海中劃過：價格帶。根據這個關鍵字，我聯想到自己過往做的筆記，很快有了解決思路。

先說結果，思路很簡單：既不是按門診掛號費定價，也不是按一口價，而是根據不同的科室、不同的醫師職級，設定不同的價格區間，也就是所謂的「價格帶」。

由於細節比較複雜，這裡先不展開。我想跟你分享的是，為什麼遇到線上問診定價問題，我可以快速想起「價格帶」這個關鍵字，以及之前記過的筆記。

說來也巧，進入網際網路醫療行業前，我曾想創業做線上便利商店，於是就去線下實體便利商店實習，想學習一些經驗。而「價格帶」這個知識點，就是我在接受儲備店長培訓時學到的。

記得當時培訓沒有教材，只有 PPT，還不允許帶電腦，於是我就在白天上課的時候瘋狂記錄一些關鍵字，然後晚上在筆記本上用自己的話展開。如果哪裡不清楚，第二天再找培訓老師詢問。

下圖（圖 2-1）是我當時記錄的一頁筆記（「價格帶」那一頁遺失了）。由於增加了儲存資訊的「有益的困境」，培訓過程中學到的各個知識點，直到今天我都記憶猶新，歷歷在目。

比如「價格帶」這個知識點，時隔六年我依舊能回憶起這樣一些內容：

不同區域的便利商店，上架的飲料種類並不一樣，其核心差異不是口味，而是價格帶。比如商業大樓、景區的便利商店，會

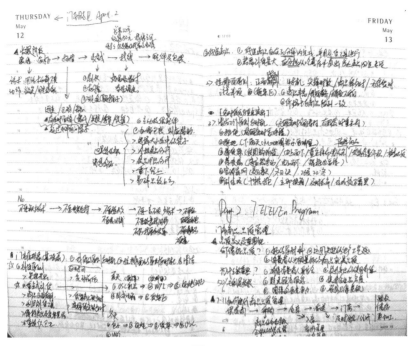

圖 2-1

放一些整體價格偏高的飲料，最低價和最高價拉得很開，因為顧客對價格不敏感，且人群變化較大；而住宅區的便利商店則會放整體價格偏低的飲料，因為顧客對價格敏感，且人群固定。

　　回頭來看，我之所以能在遇到問題時想到「價格帶」這個關鍵字，並非依賴於聰明才智或天降靈感，而是當時存儲的時候太「難」了，因為經歷過「用自己的話做筆記」的過程，所以印象特別深刻。

你看，這就是「用自己的話做筆記」的好處，它可以幫我把關鍵資訊記得很牢。用我們的老朋友孟岩[2]的話說，這種方法就像是「讓資訊在你的大腦裡刮一道」，讓你的記憶更深刻。

其實，這種方法不只是我在用。把學到的知識用自己的話講給別人聽，是費曼先生（Richard Feynman）在半個世紀前傳授給我們的學習方法[3]。而做筆記的好處在於，你不需要一個特定的「別人」就能演練這一方法。如果一定要有一個假想的「別人」，那麼他應該是未來的你自己。

如果你有做筆記的習慣，但苦於想不起、找不到記過的筆記，不妨試試「用自己的話做筆記」，增加必要的「存儲難度」，為未來的提取做好準備——即使你只能想起幾個有用的關鍵字，也比從零開始好很多。

提前思考，幫你理解做過的筆記

要想把筆記用起來，我們通常遇到的第二個挑戰是，即使找到了做過的相關筆記，也很難快速應用於待解決的問題。

一種比較典型的情況是，我們好不容易搜尋到了某則要用的筆記，但由於之前沒有花精力理解，導致一旦缺少上下文，就無

---

2. 有知有行創始人，播客《無人知曉》主理人。
3. 費曼學習法：用自己的語言向他人解釋清楚所學內容。

法理解筆記的意義；又或是由於當時偷懶複製了全文，自己沒有去整理和總結，導致還需要重新花費時間理解筆記的內容。

我和 Light 都遇到過類似的情況，比如下面這兩則筆記，雖然都是我們自己記錄的，但由於直接搬運了別人的知識，等回頭再看的時候，我們已經看不懂當初為什麼要記，更不知道自己想說什麼。

2020/09/17 ⭕

「人類思維就像人類的卵子一樣，人類卵子有一種排斥機制。一旦有一個精子進入，它就會完全關閉，不讓下一個精子進入。人類思維也有嚴重的類似傾向。」——查理・蒙格

——少楠

2017/08/25 ⭕

「此間的少年，一轉身，就成過往的少年。」——艾薩克・牛頓

——Light

Light 曾經半開玩笑地說：「道濟禪師曾言，『酒肉穿腸過，佛祖心中留。』酒肉穿腸而過，卻不留下半點痕跡，因為不走心。直接搬運別人的知識亦是如此，資訊雖然穿過大腦，但實際上猶如囫圇吞棗，並沒有消化、理解，因此也留不下什麼痕跡。」

那麼，如何才能理解記過的筆記呢？還是本文開頭那個方

法，「用自己的話做筆記」。

不要小看這個方法，它看似只是要求我們寫幾句自己的話，實際上還隱藏著一層更關鍵的意思，那就是：重要的不是記錄，而是思考。

你可能會問，「寫自己的話」和「思考」有什麼關係？這就不得不提我們從魯曼身上獲得的一個啟發。魯曼說：「不寫，就無法思考。」也就是說，用自己的話做筆記，精髓不在於「寫了什麼」這一結果，而在於「倒逼思考」這一過程。有了思考這一過程，你自然會理解自己寫的是什麼。

還是以「價格帶」的筆記為例。如果我只是把講師的話原封不動地複製下來，那麼我不必動什麼腦筋也能完成這種「知識的搬運」。而如果我要用自己的話複述或總結，那就必須先思考才行。

我們不妨做個演練。假設我要用自己的話記有關「價格帶」的學習筆記，我的大腦就不得不進行以下思考：

思考一：講師說不同區域的便利商店擺放的飲料種類不同，其關鍵差異是什麼？

思考結果：是價格。大多數人以為是口味決定種類，實際上是價格帶決定了種類。

思考二：「價格帶」是什麼意思？不同區域便利商店的飲料，其「價格帶」有什麼不同？

思考結果：「價格帶」指最低價和最高價之間的價格區間。

在商業大樓、景區等區域，飲料價格區間比較大，會提供一些高客單價的飲料，比如咖啡、NFC 果汁（Not From Concentrate，非濃縮還原果汁）、茶等；而在住宅區等區域，價格區間比較小，更多提供的是水、碳酸飲料、調味果汁等。

思考三：不同區域的便利商店，飲料的「價格帶」不同，背後的邏輯是什麼？

思考結果：用講師的話說，因為商務大樓、景區等區域的顧客對價格不敏感，且顧客天天變，回購率低，所以便利商店可以把價格區間設置得大一些，以便利潤最大化；而住宅區的顧客對價格很敏感，且顧客不會天天變，所以便利商店需要把價格區間設置得小一些，這樣能讓顧客持續來消費。

你看，這就是「用自己的話做筆記」的另一個好處，它可以倒逼我們思考。大多數時候，我們的想法都是一團看不見、摸不著的印象；而用自己的話做筆記，你就必須強迫自己思考，進而把模糊的想法轉換成清晰的語句。經歷了這個轉換過程之後，你對筆記的理解會更深入，應用起來也會更加游刃有餘。

還是以「價格帶」的筆記為例。由於我用自己的話記過一則筆記，這件事倒逼我提前思考了「價格帶」的意思和邏輯，所以當遇到醫師定價問題的時候，我就可以在短時間內發現兩個場景之間的聯繫，然後實現知識的遷移。

醫院的不同科室，就像位置不同的便利商店，其患者也有不同的特點和需求：

比如皮膚科，很多人來問黑頭粉刺、痤瘡等小問題，付費意願不高，且普通醫師就能搞定——這很像便利商店教育訓練專員說的住宅區店鋪。

而婦產科就不同了，來問診的有些是備孕媽媽，希望能問到名醫，確保寶寶健康；有些則是年輕女性，只是有一些青春期的困惑，普通醫師就能完美解答——這很像便利商店教育訓練專員說的商務區店鋪。這樣一來，我們就可以根據不同科室的特點設置價格帶，供醫師們參考。

除了科室的差異，不同醫師還有職級的差異。不同醫師的職級，則像不同類型的飲料：咖啡通常比礦泉水貴一些，同理，高年資、高職級的醫師價格也理應高一些。因此，同一科室再以醫師職級為基礎，分高、中、低三個價格區間，醫師可以根據職級在相應區間內自由定價。

以上類比雖然不完全精準，卻是一種解決問題的有效思路。我們按「價格帶」的思路調整策略之後，不同科室、職級的醫師知道了該怎麼給自己的服務定價，不同患者來到不同科室尋醫問藥，也找到了和心理預期較為一致的醫師，滿意度提升不少。

讀到這裡你可能會覺得，用自己的話做筆記確實不錯，但這樣做所需的思考過程看起來不太容易，這是每個人都能做到的

嗎？請放心，一旦嘗試用自己的話做筆記，你會發現，思考這件事並沒有想像中那麼難，你甚至可以慢慢養成愛思考的好習慣。

還記得本書序言提及的那個要點嗎？每一種預處理方法都不是一次性動作，而是要持續做、反覆做。「用自己的話做筆記」也是如此。這也意味著，你不必逼迫自己一次性把某個問題想得面面俱到，能想到多少就先記多少，完成遠勝完美。

望岳投資的南添曾經分享他對做筆記這件事的看法。他說：「我們從小做筆記都被要求先記憶，等有時間再思考，而正確的方式是，先思考，後記憶。」是的，我們都知道，絕大多數時候，「有時間再思考」等同於「不再思考」。而事實是，沒有思考，就沒有理解；沒有理解，就無法應用。

因此，無論你用什麼工具，我們都建議你，用自己的話記筆記——這是一種幫你啟動思考、有效學習的好方法，更是一門幫你積累知識，並將其應用起來的必修課。

小結

做筆記重要的不是把資訊存下來，而是提取和應用——不動腦筋的搬運不僅不能讓你增加任何知識，而且會讓你在需要筆記增援的時候，既想不起，也用不上。

當然，用自己的話做筆記並不是拒絕「摘錄」，而是拒絕「不思考」。在本書後文中你會看到，我的筆記裡也有一些諸如操作

步驟、詩詞、比較有啟發的觀點等「摘錄型筆記」。但之所以這樣記，是因為我明確地思考過自己為什麼記，或者未來如何使用；正因如此，我未來還是會根據實踐，在已有的筆記裡添加自己的想法。

最後，「用自己的話做筆記」不是一次性動作，而是一種需要持續做、反覆做的方法。這種方法看起來有點麻煩，但麻煩並不總是壞事。宮崎駿老先生不是說過嗎？「世界上重要的事情，大多都很麻煩。」[4]

接下來，本書將為你提供六項具體建議，幫你從多個角度入手，用自己的話做筆記。

4.《起風了：1000 日的創作記錄》，https://www.bilibili.com/video/BV1zi4y1s7HW/?vd-source=4f9775d8f43f4af3e6bc4e222bacfe97，二〇二三年八月二十二日訪問。

建議一：
開始吧，記錄你自己的想法

前文提到，「用自己的話做筆記」是對資訊預處理的重要方法。這種方法可以幫你更快地提取筆記、理解筆記，從而把筆記用起來。

這聽起來很不錯，但你可能像許多朋友一樣，不知道每天可以記什麼。如果你有這樣的困惑，試試這個辦法：抓住特定時機，也就是那些讓你感到觸動的時刻，把自己的想法記下來。

為什麼要這樣做？原因很簡單：第一，這些時刻發生的事情是你的親身經歷，直接記錄就好，不需要提前查資料。第二，它們觸動你肯定有原因，而這些原因，正是特別值得你挖掘和記錄的資訊。第三，你的壓力不會那麼大，可以自然而然地記錄，不必遵循什麼格式，也不必考慮寫多長。

其實，這個方法我和 Light 一直在用。不僅如此，我們寫這本書的時候發現，很多高手也在這樣用。

比如編輯告訴我們，「得到」App 的聯合創辦人和 CEO（首席執行長）脫不花，每天會記「驚奇日記」。[1] 她用這種方法記錄了許多啟發時刻，不僅給生活增添了節奏，一年下來還成就感滿滿。還有「得到」App 的創辦人羅振宇，他有一個「素材小本」，專門記錄讓自己觸動的資訊。很多羅胖六十秒的寫作靈感、跨年演講的金句，都出自這裡。

除此之外，我們身邊許多朋友也在這麼用，比如知名播客（Podcast）《三五環》、《半拿鐵》的主理人劉飛、暢銷書《高效學習》的作者曹將、知名生涯規劃師古典等等——這些來自各個領域的高手，都會記錄讓自己觸動的資訊。

所以，如果你覺得沒什麼可記，不妨試試這個方法：抓住觸動時刻，記錄你的想法。不必貪心，每天記錄一兩則就好。不久之後你可能會發現，原來自己有太多東西可以記。

那麼，具體要抓住什麼樣的契機呢？接下來，我為你分享三種「觸動時刻」，也就是三種值得做筆記的契機，幫你輕鬆上陣。

---

1. 脫不花：《怎樣成為高效學習的人》，https://www.dedao.cn/course/detail?id=LZ1RgB0EW 3NkOwjsLbxkp7vj68PDeA，二〇二三年六月三日訪問。

時刻一：這個靈感太棒了

第一種觸動時刻叫做：「這個靈感太棒了」。

你或許有這樣的感受，日常生活中，「靈感降臨」的時刻非常多。無論是走路、洗澡、聊天，還是讀書的時候，我們都可能迸發靈感。但問題是，靈感往往轉瞬即逝，一旦消失就想不起來了。

或許你會說，忘了就忘了。其實不然。想一想，每當我們需要靈感的時候，是不是愈著急愈想不出？而當我們很放鬆時，各種靈感才會湧現而來。所以，當下看似無用的靈感，往往能在未來困頓時提供幫助，值得我們記錄下來。

舉個例子。我們的朋友劉飛就有做靈感筆記的習慣。劉飛告訴我們，當他做播客、寫文章沒有選題、思路匱乏的時候，他會習慣性地翻一翻過去記錄的靈感筆記，而那些筆記經常能在關鍵時刻派上用場。

比如有一次，他翻到下面這則筆記，想到一個有意思的話題：怎樣看待做「好內容」的回饋週期？一方面，很多人做內容堅持不下去，往往源於正回饋不夠。而另一方面，做內容的回饋未必即時，只有真正好的內容才能穿越週期，提供長效回饋。那麼，怎樣看待做「好內容」的回饋週期，就是一個值得挖掘的選題。

當然，許多靈感未必會帶來直接的「功效」，如果能讓自己多一些看待事物的不同視角，也是極大的收穫。

例如，我曾對蔡國強的煙火作品非常著迷，尤其是《天梯》，不知為何，每次看到總有一種莫名的感動。某次在上海，我去看了蔡國強的個展，一邊看，一邊產生了一個靈感：

蔡國強的煙火作品為何如此吸引我？

因為他的作品就像用天空作畫布，足夠讓人震撼；與此同時，他作品裡的煙火給人一種轉瞬即逝的感覺，讓人忍不住想到世間的遺憾與無常。之所以給人這種感覺，是因為煙火畫作正好和實際煙火相反，不是動態的，而是把火藥爆炸的動態凝結在一個靜態畫面裡，彷彿試圖抓住某些必將消逝的美好。

想到這些，我順手記錄了下面這則筆記。

2022/02/25

煙火的魅力在於，用天空作畫布，在空間上足夠震撼，在時間上
轉瞬即逝，讓人感受到遺憾與無常。而煙火畫作看似把動態的時
間壓縮掉，只留二維畫面，卻給人保留了想像空間，我們依然可
以帶上時間角度去欣賞。

——少楠

這個靈感雖然沒有為我帶來什麼直接的功效型幫助，但是自
那以後，再看蔡國強的作品，我都會想起那則筆記，然後用全新
的視角去欣賞：不是像欣賞傳統油畫那樣，只看到靜態的平面畫，
而是帶上時間角度去聯想，想像上一秒和下一秒的變化。有了這
個視角，那些畫作在我眼裡瞬間有了動態，眼前的畫面也變得立
體起來。

無論是帶來極具創意的解決方案，還是提供看待事物的新視
角，靈感對我們每個人來說都非常珍貴。如果你感覺沒什麼東西
可以記，試試記錄你的靈感吧，別讓它們白白流失。

時刻二：這個資訊很有用

第二種觸動時刻叫做：「這個資訊很有用」。

這種觸動時刻或許更為常見，也是做筆記的好時機。什麼樣

的資訊才算「有用」呢？你可以透過以下兩個特徵來判斷：

1. 能在較短時間內用上，而不是十年八年後才可能用上。

2. 很具體，最好能讓你照著步驟做。

比如，曹將跟我們分享過一個很有意思的習慣——他會有意識地記錄每天發生在自己身上的「悲慘」又好玩的故事。為什麼要記這些？曹將說，他自有妙用。比如，每當直播快結束時，他會講個故事，讓觀眾帶著愉悅的心情離開直播間；每當遇到陌生人飯局，他也會講些有趣的故事，讓自己更快地破冰融入……你看，那些看似無用的囧事，如果留心記錄，也能變成有價值的資訊，對不對？

再比如，雖然我不是一個很愛健身的人，但是對於如何保持身體健康，還是會留點心思。下面是我記錄的一則關於如何更好入睡的筆記——看起來都是很平常的資訊，但非常具體，可操作性強，能在失眠的日子裡幫我做好入睡前的準備。

2022/10/04 ○

如何更好地入睡？

1. 睡前八至十小時，避免攝取咖啡因——也就是下午兩點後不喝咖啡。

2. 晚上十點至凌晨四點，避免接觸任何顏色的明亮燈光。

> 3. 保持臥室涼爽且黑暗，溫度很重要。
>
> 4. 避免飲酒，因為會擾亂睡眠。
>
> 5. 每天同一時間起床，並在剛開始感到睏倦時入睡。
>
> 6. 起床後三十至六十分鐘內到戶外看陽光，日落前再做一次。
>
> 7. 把白天的小睡時間控制在九十分鐘以內，或者根本不打盹。
>
> ——少楠

如果碰到與日常要解決的問題緊密相關的資訊，讓你覺得「很有用」，你不妨記錄下來。不要小看這個看似普通的動作，它是一種積極的自我投資，能幫你實實在在地解決問題。

時刻三：這種感覺真美好

第三種觸動時刻叫做：「這種感覺真美好」。

我們常說，財富取決於極少的大高潮，而幸福取決於大量連續的小事。當你感嘆「這種感覺真美好」的時候，試著用自己的話記下來，透過記錄一件件愉悅的小事，提高幸福水準。

實際上，很多朋友已經在這樣做了。比如我們看到很多用戶分享自己的筆記：有人記錄冬日裡的好風景，「早上起來發現車籃裡有一片楓葉，落在初雪上，像雪原裡冉冉升起的太陽」；有人記錄達成目標的好心情，「健身環一百天啦」；有人記錄兩歲女

兒的成長，「今天，女兒可以聽我的指彈說出〈成都〉、〈童年〉、〈兩隻老虎〉、〈妹妹背著洋娃娃〉、〈小星星〉等樂曲的名字」；還有許多朋友記錄「感恩日記」、「成就日記」……

我自己也有記錄美好時刻的習慣。記得有一次我在杭州爬山，沒定什麼目標，只是兀自走著。這樣走了十來公里，感覺特別累。這時候，我意外經過了之前看地圖就很想去看一看的「雲棲寺」，但這麼美好的名字，實際景象卻很破敗，讓我略感失望。於是繼續向前，過了不久，我發現自己不知不覺走到了千年之前的梵天寺經幢[2]旁，更美妙的是，旁邊的幼兒園傳來了我很喜歡的一首歌──〈蟲兒飛〉。

那一刻，所有的疲倦都消失了。在這樣的歌聲中，我抬頭看著北宋時期的遺跡，似乎時空不復存在，一種平靜的幸福湧上心頭。歌聲停止之後，我隨手記下了這則筆記。

> **2021/11/11** ○
>
> 從雲棲寺下來，路過梵天寺經幢。剎那間和古人的作品相逢在同一時空，感覺如此美妙。遠遠地，傳來〈蟲兒飛〉的歌聲，來自座落在山腰的小學或幼兒園。我也不自覺跟著哼唱起來。真是不期而遇的旅程。
>
> ──少楠

---

2. 中國古代宗教石刻。梵天寺經幢位於浙江省杭州市上城區江干鳳凰山麓。

這則筆記就像是一顆時光的琥珀，雖然只有寥寥數字，但無論日後心情多差，多麼煩悶，只要回顧到這則筆記，我就能想起那個下午、那首歌、那座經幢，以及當時那種平靜的幸福感。焦躁的心，也會安定下來。

未來某一天，如果你也遇到了這樣的美好時刻，建議你用自己的話把所見所感記下來。這樣既能解決不知道「記什麼」的問題，也能讓你在陷入情緒低谷時，借助過往的美好，重新振作起來。

小結

你可能覺得，這樣做筆記，壓力確實小了很多，但記錄這些「個人想法」真有價值嗎？

寫作這本書的過程中，我們也討論過這個問題。我們認為，當代人固然需要學習各種「公共知識」，但在今日，「個人想法」，或者叫「個人知識」的重要性越發突顯。

「得到」總編室的李倩有個說法我們很認同。她說：

「老一輩人做筆記有個背景，當時沒有網際網路，搜尋功能不發達。他們做筆記，一定程度上是為了『記下來』，所以不管是公共領域的知識，還是個人領域的知識，都怕忘，都得記。而如今，你想知道什麼公共知識，都可以用瀏覽器搜尋出來，或者用 AI 工具問出來。真正值得記錄的，恰恰是個人經歷、個人興趣、

個人感悟、個人思考……這些帶有個人特質的東西,才是你獨一
無二的知識財富,到哪裡都搜尋不到。」

　　上述方法看似簡單樸素,卻容易上手,可以幫你毫無壓力地
用自己的話做筆記;而當你找到值得記錄的內容後,更多做筆記、
用筆記的需求就會自然湧現;這些不斷湧現的需求,會幫你探索
出屬於自己的記錄習慣和記錄方法。
　　當學生準備好了,老師就會出現。

建議二：

記錄有啟發的內容

前文提到，你可以借助特定時機，自然而然地記錄自己的想法。這一節，我們上一個臺階：建議你記錄對自己有啟發的內容。

什麼是有啟發的內容？簡單來說，就是那些讓你覺得「原來還能這麼想」、「原來還能這麼做」的資訊——它可能是書裡的某個精彩觀點、作者的某段絕妙論述、朋友的某個獨特見聞等等。

為什麼要記這樣的內容？如前文所說，做筆記不要搬運，要多思考。問題在於，思考很難憑空而來，它需要我們的大腦和更強、更好的資訊碰撞之後，才能被激發出來。而「有啟發的內容」正是這樣的資訊。

「記錄有啟發的內容」，這個方法很好理解，因此這裡不多解釋。接下來，我想跟你分享許多人在實操過程中容易陷入的兩大迷思，希望幫你少走彎路，提高做筆記的效率。

迷思一：為做筆記而做筆記，形式大於目的

第一個迷思叫做：為做筆記而做筆記，形式大於目的。

許多人做筆記前會有許多糾結。比如糾結於標題、字體、排版；或糾結於是用手繪加強記憶，還是用心智圖展開記錄；是用比喻的修辭，還是用排比的句式；是每天記五百字，還是一千字……

如果你也時常糾結於此，那便是陷入了「為做筆記而做筆記」的迷思，把形式當作了目的。還記得本書序言說的那句話嗎？做筆記，是為了增援未來的自己。從這個目的出發，你會發現做筆記最重要的並不是工具、形式、模板、修辭、字數等外在形式，而是記錄的內容是不是為自己而做，能不能為自己所用。

實際上很多高手都是這樣做的。比如我們和編輯討論時，編輯就提到，財新傳媒的總編輯王爍有個習慣：他寫讀書筆記，大多數時候都是為自己而寫（除非寫的目的是向別人介紹），只記錄自己收穫的啟發。[1] 著名經濟學家何帆也是如此。他說，自己之所以讀書快，不是認字速度快，而是心裡只裝著自己的問題，讀書筆記也只記錄對自己有啟發的內容，不會用什麼特別的形式。[2]

---

1. BetterRead：〈培養終生閱讀 | 提高讀書效率 | 筆記方法〉，https://mp.weixin.qq.com/s/TCTxgu3txFLxTAfdgVrxoQ，二〇二三年七月十六日訪問。
2. 「得到」App：《何帆的讀書俱樂部》，https://www.dedao.cn/course/detail?id=z1DWOMARaVZVxoMsgmkp2mlx7bjydL，二〇二三年七月十六日訪問。

其實或多或少，我們每個人在剛開始做筆記時，都會被形式束縛一段時間。

我自己之前做筆記，也會試圖復刻整本書的結構，想要捕捉每一個細節，雖然最終能輸出一張漂亮的思維導圖，但實際上很難用到。

而我現在做筆記就樸素了很多，只記錄我覺得重要的內容，為自己而記。比如下面是我讀《致富心態：關於財富、貪婪與幸福的 20 堂理財課》[3] 一書所記的筆記——只記錄了對自己有啟發的內容，並用下劃線和高亮來標記重點，至於全書結構為何，還有沒有更「好」的觀點，對當下的我來說並不重要，也就無須記錄。

2023/06/22

《致富心態：關於財富、貪婪與幸福的 20 堂理財課》讀書筆記

· 任何事情都沒有表面上看起來那麼好或那麼糟。

· 憑運氣獲得的好結果，比明確的壞結果更危險，因為很可能有更大的風險在未來等著，當下卻無法識別出來。

3.〔美〕摩根‧豪瑟等：《致富心態：關於財富、貪婪與幸福的 20 堂理財課》，周玉文譯，天下文化，二〇二三年出版。

> ・成功的投資未必意味著一直做正確的決定，而是要做到一直不
> 把事情搞砸（別離開牌桌）。
> ・成功是小機率事件，取得成功最好的方法是實踐次數足夠多，
> 因此要一直在場，不斷實踐。
> ・時間自由是財富帶來的最大紅利，可以讓人自主決定時間安
> 排，而不需要被動工作。
> ・要貿然從那些和你情況不同的人身上學經驗，要盡可能明白自
> 己在玩什麼遊戲。
>
> ——少楠

形式應該追隨內容，單純的形式不重要，記了什麼才重要。所以，不要被形式困住腳步，更不要照抄別人的模板。不必擔心詞句華麗與否、是否有所遺漏，這個過程就像照鏡子一樣，你應該關注的是自己的大腦對於內容的反射，因為那才是你思考的精華。

迷思二：記錄之後，缺乏自我提問

許多愛讀書的人習慣於劃線或摘錄有啟發的內容。這種方法方便、快捷，本身沒什麼問題。但大多數人容易忽略一個關鍵動作：自我提問。

　　什麼是自我提問？假設你看到一個材料，覺得不錯，這時候你對它的感受是模糊的。此時此刻，你最該做的是自我提問——抓住時機問問自己：我為什麼感覺不錯？然後把答案記下來。這個動作看似簡單，卻能有效激發你的思考，增進你的理解。

　　當然，除了直接問「我為什麼感覺不錯」，自我提問的角度還有很多。對於不太熟悉這個做法的朋友，我有兩個小經驗分享給你：

　　1. 問問自己將來能在哪裡用。

　　2. 問問自己是否見過或做過類似的事情。

　　先說「問問自己將來能在哪裡用」。如果不能應用，許多啟發本質上只是「認同」而已，並不會給你留下什麼深刻的印象。比如，「刪除才是定稿的本質，濃縮經驗，精確表達」，這句話聽起來很有道理，然後呢？如果沒有然後，那麼這基本上就是一句「正確的廢話」，因為無法引發你的行動。

　　相反，如果你抓住時機問問自己：這個方法我可以用在哪裡？我最近寫書、寫總結、寫文章，是否可以考慮試試這種方法，進一步精煉所寫的內容？當你這樣問過之後，你對上述句子的印象會更深刻、理解會更深入。

　　遇到有啟發的內容，除了問問將來可以用在哪裡，你還可以問問自己：過去是否見過或做過類似的事情？

　　比如，下面是我在看書時記的一則筆記。除了總結並記錄書

裡的觀點和方法，我還會問問自己：我有沒有做過類似的事情？有了這樣的提問，我就能把個人經驗和書裡的內容結合在一起，不僅增進了理解，還藉此觀察到自己接下來實踐時需要注意的問題，並把這些問題記錄下來提醒自己。

2023/07/24

《陳雲文選》讀書筆記

· 關於如何才能少犯錯誤，陳雲說，主要方法可以概括為三個：交換、比較、反覆。

· 交換：交換正反兩面意見，讓自己的視角更全面。值得注意的是，蒐集反對資訊後，如果這些資訊正確就改進，如果錯誤就駁倒。只有這樣，一個人的認識才能更接近客觀事實。

· 比較：交換是為了更全面地認識事物，比較則是為了更好地判斷事物的性質，用來瞭解事物的發展程度、要害和本質。

· 反覆：重複上面兩步，既是認識的過程，也是實踐的過程。在此過程中，堅持正確的，改進錯誤的。

個人實踐：

· 交換、比較、反覆，確實能讓正在做的事情變得更好，比如《筆記的方法》這本書的結構修改，就經歷了這樣的過程。

· 使用這三個方法有個重要前提──對事不對人。因為「自我」很容易敏感，導致人不知不覺進入防禦狀態，繼而圍繞自尊去

爭辯，而非基於事實。

——少楠

　　再比如，我在讀「便利商店之神」鈴木敏文的自傳時，對他提出的「『賣方立場』和『顧客視角』是完全不同的」這個觀點很認同。他在書中舉了這樣的例子：在賣方看來，貨架上的東西銷售一空是「經營得很厲害」的表現；但是從顧客的視角來看，「這家店鋪備貨如此不足，想必經營得不是很到位」。

　　做筆記的時候，我並沒有直接摘錄他的案例，而是補充了自己親身經歷的案例：

　　flomo 是不是有網頁版可以在任何瀏覽器上打開，就沒必要再做桌面端 App（應用程序）了？從開發者視角來看，現有功能夠用了，不做顯然更省事；但從用戶視角來看，每次都要打開瀏覽器，還要輸入網址，如果記不住網址還要搜尋，中間多了好幾步，很是麻煩。

　　這樣的記錄，不但能讓我對書中觀點的印象更深刻，還能幫我梳理過往經驗，提醒我將來設計新功能時，始終不能忘記用戶視角。

　　當然，結合自己的經驗舉例並不一定要長篇大論，畢竟筆記不是給別人看的，只要自己看得懂，記幾個簡短的句子就可以。

比如下面這則筆記，就是 Light 用自己的經驗舉例的一個範例。

2021/05/30

· 《詳談：沈鵬》一書提到，當一個產業裡某一個要素發生十倍以上變化時，要認真去看看是否有新機會誕生。

· 行動網際網路當然是最大的例子。大量人來到線上，且產生更緊密的連結，於是有了新機會。更具體一些說，當配送員也都用上智慧手機，外賣調度系統才成為可能。

· 更近一些的例子有：疫情之於線上辦公領域，抖音之於影片編輯工具。

——Light

除了上面兩種自我提問方法，值得問的問題還有很多。比如，你還可以問：「這個觀點和傳統觀點有什麼不同」、「我對這個觀點有什麼疑問」、「這個方法適用於什麼場景下的什麼問題，不適用於什麼場景下的什麼問題」等等。

如果沒有「自我提問」，僅僅是劃線或摘錄別人的句子，筆記做得再多，我們至多也不過是精密的複讀機，或者知識的搬運工。而有了「自我提問」，我們就能透過思考把有價值的資訊辨識出來、逼問出來、萃取出來；也只有這些經過用力思考的資訊，才有機會內化於心，才有可能為我所用。

小結

關於如何記錄對自己有啟發的事情，《好好學習》一書的作者成甲分享過一個有意思的思考：我們做筆記，應該像兵法中提到的那樣，「你打你的，我打我的。以我為主，積極主動」。

因為人和人不同，即使看到同樣的資訊，每個人的啟發也不盡相同。所以，別人的知識素材，我們可以模仿、可以借鑑，但最終還是要以我為主地去記錄，否則一切就都依靠在別人身上了。

記錄自己的啟發和思考，一開始實踐起來有點難，但它依然值得做。畢竟，無論是投資的複利，還是知識的複利，都需要我們用心去積累，長期有耐心。過些日子，當你重新翻看筆記，驚喜地發現自己的理解力又上了一個臺階，甚至發現當初思考的盲點，你便收穫了屬於自己的成長──這比形式上漂亮的筆記更寶貴。

微小的優勢和劣勢，都會長期積累。每一天都比前一天做得好一些，不斷進步才是關鍵。

建議三：
記錄反直覺的資訊

前文提到，做筆記不要搬運，要多思考，要記錄對自己有啟發的內容。這一節，我們繼續上個臺階——記錄反直覺的資訊。

之所以說「上個臺階」，是因為「反直覺」可以算作「有啟發」的一種極端情況，記錄反直覺的資訊可以幫助我們打破思維慣性，從另一個視角來看待慣常的事物，得到完全不同的啟發。

什麼是反直覺的資訊

我們生活的世界異常複雜，所以我們需要依賴各種默認值來生活，以簡化每天要做的決策。比如，每天在差不多的時間起床，走同樣的路線去上班，穿同樣風格的衣服等，這都是為了降低決策成本。但凡事皆有利弊，這種默認值在幫我們降低決策壓力的同時，也帶來了另一個問題，就是讓我們的思維具有某種慣性，

或者讓我們僅能看到事物的一個側面。

做筆記也是如此。我們總是傾向於捕捉那些符合直覺的資訊以自我強化——比如，很多炒股的人摘錄華倫·巴菲特（Warren Buffett）、查理·蒙格（Charles Munger）的語錄，主要是潛意識裡認為自己也是擁有差不多認知的人。這樣的想法固然可以在短期內讓人感到滿足，但長期來看，它只會導致我們在熟悉的地方不斷兜圈——我也不能免俗，在我的筆記裡，就有兩則關於查理·蒙格多元思維模型的記錄。

2021/06/06

·A model is a human construct to help us better understand the real world.（任何能夠幫助你更好理解現實世界的人造框架，都是模型。）

·模型是我們用來思考和理解世界的工具。多元思維模型讓我們可以方便地調用各個領域最精華的知識。

——少楠

2022/01/08

重讀《窮查理寶典》（Poor Charlie's Almanack）

·蒙格熱衷於蒐集思維模型，但他並不用思維模型證實，而是用它證偽。

> ・證偽過程就是從工具箱裡取出一個又一個思維模型，從不同視角對事物進行考察。
> ・如果多個模型都沒有摧毀某個機會，那就應該下重注。
> ・應該關注大量機會，同時控制出手次數。
> 補充感想：
> ・工具箱裡的工具要扎實，品質勝於數量。
> ・對任何機會都不要抱有不切實際的幻想，而是要實事求是去證偽，直到無法證偽。
>
> ——少楠

　　其中第一則是我早先記錄的，內容簡潔、邏輯清晰，但仔細一看，我只是把蒙格的話照抄了一遍。這樣的筆記，直接發到朋友圈肯定會獲得不少按讚數，卻很難被我記住，更遑論為我所用。

　　第二則則是我和 Light 聊到查理‧蒙格時的一些記錄。那次討論，Light 提出了一個觀點：多元思維模型不是用來證明機會是有效的，而是用來證偽的。換句話說，如果一個投資機會禁受住了多種模型考驗還未被證偽，那麼這個機會高機率值得下重注。

　　簡直太反直覺了。在此之前，我一直把多元思維模型看作一個工具箱。如果你想在牆上鑽個洞，那麼從裡面拿釘子、錘子也行，拿電鑽直接打洞也行，總之，挑選想用的工具就好。但在 Light 看來，多元思維模型更像是飛機起飛前的檢查清單——我

們需要把上面的所有條目全部檢查過，確認無誤後，才能讓飛機起飛。

這件事情讓我意識到，原來關於多元思維模型還有這樣截然不同的理解方式，於是認真記了筆記。後來，每當遇到重大決策，我都會想起這則筆記，我的決策品質也因此提高不少。

比如在考慮 flomo 要不要做 AI 相關功能的時候，我並沒有像以前一樣，靈感一來就興奮地動手開發，而是從需求、成本、技術、合規等多個方面來逆向拷問這個想法是否成立——和蒙格的結果一樣，這樣拷問後，我發現真正經得起考驗的點子非常少。

除此之外，在我記過的筆記裡，反直覺資訊還有很多，比如下面這些筆記，都是我在覺察到自己有思維慣性之後，重新審視一些習以為常的概念、行為之後，發現並記錄的反直覺資訊。

2023/06/09

公開的批評或者自我反省可能不是美德，而是獲取關注、認可、同情的有效手段。

——少楠

2023/07/12

·很多人認識自己是為了改變自己，以符合外界期望，但這樣的思考方式會讓我們充滿焦慮感和挫敗感，在自我評判和自我否

定中不斷轉圈。

- 認識自己的真正目的是理解自己，而不是改變自己。這意味著覺察與接納。

- 在覺察與接納的過程中，有益的變化會自然發生。這樣的變化更為持久，因為它源自內部動機，而非外部期望。

——少楠

　　如果你覺得日常沒什麼「反直覺」的事情，那其實不怪你，因為人類是一種以自我為中心的動物，總愛尋找自己認可的東西以自我強化，潛意識裡的自我保護機制會讓你忽視那些反直覺的資訊。所以，或許不是生活平淡如白水，而是在我們覺察到「不平淡」之前，潛意識就已經幫我們把它們迴避掉了。

如何捕捉反直覺的資訊

　　反直覺的資訊常常隱匿在看似普通的日常生活中，需要我們花些心思去捕捉。具體如何捕捉？我有兩個技巧分享給你：第一，主動逆向思考；第二，用好奇心去挖掘。

技巧一：主動逆向思考

先來看第一個技巧，主動逆向思考。

蒙格有一句非常著名的話：「反過來想，總是反過來想。」他還有許多建議，都是從這句話衍生出來的。比如，「要得到你想要的某樣東西，最可靠的辦法是讓你自己配得上它」；又比如，「如果我知道我會死在哪裡，那我永遠也不會去那個地方」。

為什麼要逆向思考？其中一個原因在於，它可以幫我們捕捉到很多反直覺的資訊。

舉個例子。當年遊戲機大戰時，索尼的 PS[1] 和微軟的Xbox[2] 在畫面與性能上不斷競爭，希望以此吸引更多硬核玩家（hardcore gamer）來購買。

但任天堂的靈魂人物之一宮本茂卻不這麼想，他的思路恰恰相反。宮本茂認為，如果只討好硬核玩家，整個遊戲機市場的規模將會逐漸萎縮，因此應該逆潮流而動，去擴大遊戲用戶的基數，盡量設計出一些可以讓一家人一起玩、一起開心的遊戲——就像全家坐在一起吃火鍋一樣。

正是這種逆向思考，讓身陷谷底的任天堂起死回生，其發布的 Wii[3] 雖然沒有更好的性能和畫面，銷量卻一舉超越了同時代的 PS 和 Xbox，深受用戶喜愛，以至於遠在英國的伊莉莎白二世女王

---

1. playstation 的簡稱，日本索尼公司的一個著名遊戲機系列。
2. 美國微軟公司開發的一款家用電視遊戲機。
3. 日本任天堂公司推出的家用遊戲機。

都成了其忠實粉絲。

無獨有偶，在筆記 App 的世界中，也存在類似情況。許多資深用戶都認為好的筆記 App 應該有更多功能，比如把文檔、心智圖、數據庫、白板盡量多地整合在一起，這樣才稱得上強大。

受到宮本茂的啟發，我們開始逆向思考：除了資深用戶，比如知識達人、研究人員之外，那些剛開始學習記錄的普通人，到底需要什麼呢？這種逆向思考，讓我們在做用戶調研的時候，把調研目標聚焦在了許多入門用戶身上，比如新進教師、健身教練、房屋仲介、非名校學生等，收穫了許多反直覺的資訊：

・大多數人不是在筆記 App 中寫長文，而是隨手記零碎的想法。

・大多數人不在乎文本編輯功能強大與否，而在乎如何培養自己的記錄習慣。

・大多數人不是看不懂分類功能，而是不知道怎麼分類，以及分類之後怎麼用。

正是這些反直覺的調研資訊，讓我們在設計 flomo 時有了新思路：比如，設計像聊天一樣的輸入框，讓普通人能夠無壓力記錄；增加「每日回顧」功能，讓過往的記錄被用戶看到，激發持續記錄的動機；透過公眾號、flomo101，甚至這本書，告訴大家如何做筆記、如何用筆記。這些底層思路讓 flomo 在筆記工具的紅海中，走出了一條特立獨行的路。

　　圖靈獎得主艾倫・凱（Alan Kay）對視角轉換有過高度評價：「視角轉換，等價於增加八十點智商。」[4] 而逆向思考，正是最強有力的視角轉換。

技巧二：用好奇心挖掘

　　看完主動逆向思考，我們再來看第二個技巧，用好奇心去挖掘。

　　「主動逆向思考」需要我們轉換視角，「用好奇心去挖掘」則更需要我們拋開已有觀念，保持開放心態。

　　舉個例子，人類學家項飆就總能透過好奇心去挖掘、去提問，捕捉到反直覺的資訊。

　　在一次訪談[5]中，有位年輕讀者提道：許多年輕人的現實生活處境非常艱辛。他們可能沒有機會享受到你們當年享受到的資源，所以在這時候讓他們談「自我」是很奢侈的。

　　如果缺乏好奇心，一個人很可能會對這種說法進行反駁。比如，年輕人怎麼艱難了？怎麼就沒享受到更好的資源了？不是還有網際網路嗎？等等。但是項飆沒有直接回答，而是用好奇心去

---

4. 原文為"point of view is worth 80 IQ points"。引自維基百科，https://en.wikiquote.org/wiki/Alan-kay。

5. 嗶哩嗶哩：「對話在繼續——《把自己作為方法》一年後」，https://www.bilibili.com/video/BV1954Y1E76S/，二〇二三年八月十七日訪問。

拆解那位讀者提的問題，比如何謂艱辛？哪個人群感到艱辛？提問人屬於哪個人群？一項一項分析清楚。

正因為項飆堅持用好奇心去挖掘背後的資訊，所以他可以和問題保持距離。在此之後，他才發現了其中隱藏著的反直覺資訊——現代人不是經濟上的貧窮，而是意義上的貧困，不知道自己做事情是為了什麼，於是很容易被裹挾，以至於看不見自己。

同樣的道理，在做 flomo 一對一用戶研究的時候，我們發現一個現象——在接受調研的幾十位用戶中，有好幾位最喜歡的功能是「這款軟體能讓筆記在手機和電腦、手機和手機之間免費同步」。

這讓我們覺得奇怪：為什麼讓這些用戶按讚的，不是我們精心設計的標籤系統或回顧功能，而是一個早在十幾年前就被許多產品做過的免費同步功能？對於這個問題，我們沒有置之不理，而是懷著好奇心繼續挖掘、繼續調研，最終發現了反直覺資訊。

原來，過去我們以為，用戶不會被筆記同步問題困擾，因為這項技術並不新鮮，很多手機自帶的備忘錄都能實現。但一番調研後我們才發現，這跟技術新不新鮮沒關係。事實是，很多年輕用戶剛工作時手頭不寬裕，買的手機不會很貴，每隔一兩年手機性能不夠用時，就會嘗鮮換個品牌。這時候，如果他們之前用手機自帶的備忘錄做筆記，要想把筆記轉移到其他品牌的手機上就很麻煩。而 flomo 的同步功能為他們消除了這些麻煩。

你看，這對我們來說就是一個反直覺資訊，讓我們看到了從

未想過的用戶使用場景。如果當時沒有懷著好奇心去挖掘，這個重要資訊就不會為我們所知。

小結

反直覺的資訊可能會讓人感到不舒服，因為那會打破習以為常的敘事，讓我們處於不確定之中。

但也正是這些資訊，幫我們打破思維慣性，激發我們用力去思考、用心去挖掘，就像讓過去的人意識到鋼鐵也能在天空中翱翔那樣，讓我們意識到自己的思考盲區，變成更有智慧的人。

還記得那句話嗎？同時保有兩種截然相反的觀念還能正常行事，是第一流智慧的標誌。

建議四：
記錄讓自己情緒波動的事情

────────────────────────────────

前文分享了許多做筆記的建議，更多聚焦於記錄比較硬核的內容，比如事實、理論、觀點等，更偏理性。除此之外，其實還有一類資訊值得記錄，它更偏感性，那就是讓你情緒波動的事情。

相比常規的筆記，記錄情緒更側重於捕捉個人的內在體驗，以及這些體驗發生時的外部環境。你可能會想，記錄這些有什麼用？別著急，我們先來看看記錄情緒的價值是什麼。

記錄情緒，理解自己

自從二〇二〇年創業以來，我一直有記錄自身情緒的習慣。本以為這樣做筆記的人不多，但做 flomo 以來，我們發現，很多用戶都在分享類似的用法。

比如，有位用戶說，為防止自己被情緒拽著走，他會記錄「覺

察日記」；有位用戶說，每當懊惱、難過的時候，他會透過做筆記梳理情緒；有位用戶是心理諮商師，她經常建議來訪者記錄某個情境下的情緒——這樣記多了以後，改變就會悄悄發生。

仔細想想，情緒這種「內在知識」，看似主觀和個人化，卻能帶來許多價值：

1. 促進對自我的理解。記錄情緒，能讓我們更敏銳地覺察自我，有利於我們理解自身情感模式和環境中的觸發因素，繼而更好地識別自身需求和情感趨勢，以便做出調整。比如對我來說，有次翻看過往的情緒筆記，我發現自己傾向於對一些負面評價抱有敵意。一個表現是我會把用戶對產品缺陷的評價轉移到我個人身上，繼而火冒三丈，想下場和人辯論。覺察到這一點之後我意識到，這種壓力反應不但會導致我的情緒波動變大，還會讓我錯失許多改進的機會。理解了這些，再次遇到類似問題，我就能更冷靜地面對，避免被情緒主導，繼而獲得更全面的視角。

2. 幫助保持情緒健康。記錄情緒，也可以是一種情感的釋放，避免我們沒搞清楚原因就把情緒發洩到別人身上，或者長時間壓抑自己的情緒，影響身心健康。比如對我來說，一旦湧入太多臨時性事務，我整個人就會變得焦躁，容易因為一點小事對合作夥伴發脾氣。此時如果忍著情緒不發，有可能埋下怨恨的種子；而如果讓自己停下來，先記一記當下的情緒，很可能一段話還沒寫完，我的火氣就已經沒有那麼大了。

3. 幫助增強決策能力。情緒是個放大器，所以古人才說「盛

喜中勿許人物，盛怒中勿答人書」。持續識別和記錄自己的情緒波動，不僅能幫我們避免腦袋一熱倉促做出決定，而且能讓我們更有同理心，理解他人為何會有各種情緒，幫助自己做出更好的決策。比如，一旦理解了各種情緒，我們就不會在投資市場追漲殺跌，也不會僅僅因為外界鼓吹寒冬而寢食難安。

你看，記錄內在情緒也是一件頗有價值的事情。這樣持續不斷地記錄，會讓我們擁有更多「數據」來調適自己，向理想的自己邁進。

如何開始記錄情緒

記錄情緒雖然不複雜，但也不是只記今天開心不開心就可以。如果只是這樣記，我們將來回顧時就會缺少足夠的上下文。那要怎麼記呢？

我開始記錄情緒，是受美國著名管理專家、《基業長青：高瞻遠矚企業的永續之道》[1]一書的作者詹姆·柯林斯（Jim Collins）的影響。他在一檔播客[2]上分享過一個做筆記的習慣，叫

---

1. 〔美〕詹姆·柯林斯等：《基業長青：高瞻遠矚企業的永續之道》，齊若蘭譯，遠流出版，二〇二〇年出版。
2. Apple podcasts preview, #361:Jim collins—A Rare Interview with a Reclusive Polymath, https://podcasts.apple.com/us/podcast/361-jim-collins-a-rare-interview-with-a-reclusive-polymath/id863897795?i=1000430103992, August, 2023.

做記錄生活日誌（life log）。他的筆記非常簡單，每天的筆記都有三列：一列記錄當天的主要工作，一列記錄創造性工作時數，還有一列就是用來記錄情緒的，比如情緒很好、一般、有些差等，一共五個欄位。

這樣記錄的好處在於，當回顧筆記時，他可以方便地發現自己情緒變化的規律，比如：

．情緒很好的日子，往往創造性時間也比較長。

．情緒很好的日子都「非常簡單」，比如去攀岩，和真正愛的人在一起，或者完全獨處。

你看，這樣記錄後，一個人就能像調適程序一樣，調適自己的狀態，而不僅僅是被情緒牽著鼻子走。

受柯林斯影響，我會在每天睡前（或次日清晨）撰寫一張卡片，大概幾百字，簡明扼要，其中包括幾個要素：

．**給當日情緒加上標籤**：回顧過去一天的整體情緒如何，並加上標籤，方便後續回顧。我會把情緒劃分為高（Good）、中（Mid）、低（Low）三種狀態。當然，你也可以有更精細的區分和定義。

．**扼要記錄當日行動**：記錄自己從早到晚做了什麼。這裡追求的不是事無巨細，比如刷牙、洗臉等就大可不必記錄，而是把相對重要的事記下來。

．**記錄情緒波動及原因**：記錄一天中自己的情緒發生了哪些

變化，並嘗試分析原因——比如，和什麼事情有關、周圍的環境如何、情緒是如何被觸發的、引發了什麼後果等。

2022/08/16

#Lifelog / 情緒 / Good

· 五點多起床，翻看《神經的邏輯》一小時，做了兩大段筆記，關於意識和潛意識系統，以及記憶的特點。

· 上午開始處理客服問題，但是拖拖拉拉持續了一整天。

· 午飯後本想開始設計 flomo 安卓版本的語音輸入，但意識到這週不進入開發，優先順序應降低，所以想了想框架就放下；然後設計優先順序更高的編輯器——沒有著急上手做，而是先思考了不同的可能，打了個草稿才開始。

· 設計完編輯器，在戶外寫了圖書新內容的草稿，推敲了邏輯結構，查找了不少資料，但是刻意沒有進入正式寫作流程，以免當日過於疲勞。

· 處理客服問題，回家吃飯、休息。

· 晚上又看了一小時資料，後半截感覺有點力竭，所以選擇暫停輸入，開始聽歌休息。

——少楠

這樣記錄一段時間後，我就可以根據不同的情緒分類進行回顧。比如我發現，從情緒狀態來看，大多數日子都是「中」，「高」和「低」並不太多，但是印象深刻的卻是「低」的日子。那麼，這些日子為什麼情緒不好呢？

仔細翻看記錄我發現，這些日子有個共同特徵——工作總是被突發的事情打斷。比如，當天計劃提交 flomo 的新版本，卻被臨時發現的程式錯誤打斷，這時候如果再接幾個意外打來的客服電話，我會變得心神不寧，做事效率大打折扣，繼而產生拖延心態，甚至為逃避工作去刷社交媒體。這樣亂糟糟的一天下來，我的成就感不高，情緒自然不好。

有記錄就有了依據，有依據就方便做調整。根據上述觀察，後續我做了相應的調整：一方面是將瑣事固定在一天中的某個時段集中處理；另一方面是「認慫」，不把日常工作計劃排得那麼滿，留出餘裕應對突發情況。

關於如何更好地回顧筆記，後續會有專門的章節講述，這裡先不展開。在這裡我想跟你分享的是，記錄情緒並不難，卻能讓我們受益頗多。

記錄情緒的兩個要點

雖說記錄情緒不難，但要想記得好，也要講究方法。我有兩個親身實踐後總結出來的要點分享給你，希望對你有幫助。

要點一：誠實面對內心，如實記錄想法

第一個記錄要點是，誠實面對內心，如實記錄想法。

記得有一天我情緒很低落，起因是有個營銷方案我準備了許久，原本感覺胸有成竹，但在團隊討論時卻爆出來一個很關鍵的缺陷，不得不重新來過。

表面上看，這是一個思考不周的問題，但為何會讓我情緒低落？透過自我追問和誠實地回答，我發現了更深層的原因：因為我覺得，我付出了那麼多時間和精力，你們非但不鼓勵，還一討論就指出這麼大的漏洞，讓我下不了臺，我的面子往哪裡放？

挖掘到這裡，才觸及問題的本源：自己情緒低落，是想要獲得他人認可的預期被打破，繼而產生了情緒上的反撲，想要找到別的理由去攻擊他人。

你看，如果我記的筆記是「方案爆出漏洞，情緒很低落」，並不能反映出真實情況，而坦誠挖掘並記錄真實的想法，才能找到並呈現情緒的根源。

那麼，如何盡可能做到「誠實」呢？我有兩個小技巧分享給你：第一，你可以試著把自己抽離出來，像觀察最好的朋友那樣觀察自己。看到什麼記什麼，盡可能保持旁觀者視角。第二，只記錄，不評判。情緒沒有好壞，不要苛責自己。當你把情緒當作「問題」的時候，往往會限制自己的視野；而當你把它當作「合理的存在」，視野反而寬廣很多。

要點二：不僅記錄情緒，還要記錄環境

第二個記錄要點是，除了記錄情緒，還要記錄情緒發生的環境。

為什麼要記錄環境？因為人是環境的反應器，我們產生某種情緒，多半是受環境影響。如果我們換個環境，或者設計一個新環境，那麼情緒也可能會隨之變化。假如你的情緒陡然從開心變為沮喪，那麼你可以記錄一下，在什麼環境中發生了什麼事情。

我有一陣子在記錄情緒時，專門記錄了一些和身體健康相關的資訊，比如睡眠狀況。某天定期回顧筆記時我發現，情緒焦躁的日子，往往也是睡眠不足的日子。那些日子我入睡很晚。又因為剛剛入夏，還不至於開冷氣，於是我便開了窗。窗戶一開，早上六點到來的垃圾車就會把我吵醒。睡得晚加上醒得早，我的睡眠時間往往不足六小時。

情緒焦躁，會不會跟睡眠不足有關係？觀察到這個環境因素，我開始要求自己晚上九點後不許看電腦，盡量保持十點左右睡覺；打開冷氣，這樣就可以關窗睡覺，隔離噪音；同時塞上軟耳塞。這樣做了幾天，我的睡眠品質提高很多，焦躁情緒也減輕不少。你看，改變環境之後，情緒也會隨之變化。

再比如，之前在公司上班，我很容易暴躁，但創業後類似情緒少了許多。後續分析原因我發現，自己並沒有太多變化，變化的是環境。之前容易暴躁，是因為我在彼時的工作環境中缺少決

策權，於是常常對團隊成員或其他協作的同事發火；而創業後我擁有了更多決策權，環境發生了變化，這種情緒自然就少了。

你看，只有把環境記下來，當我們回頭分析時，才能觀察到更真實的現場，進而找到改善的方向。

如果不去改變環境，只是壓抑著讓自己成為一個情緒穩定的人，那麼最後我們會如萬青（萬能青年旅店）的歌詞所說的那樣——如此生活三十年，直到大廈崩塌。

小結

如你所見，和傳統意義上的筆記不同，「記錄讓自己情緒波動的事情」可以幫你更深入地認識自己，並為你「調適自己」提供依據。

除此之外，記錄情緒也是和自己對話的過程，可以讓你慢下來，對情緒狀態保持覺察。你會發現，有的負面情緒根本不需要解決，被覺察之後，自然煙消雲散。

當然，不只是讓你感覺不好的情緒值得記，你的快樂、開心、興奮……只要是穿過身體的強烈情緒，都值得記。如果你有興趣，不妨做個小實驗，試著每週記幾則情緒筆記，看看它們會不會成為你認識自己的線索、調適自己的依據。

建議五：
記錄自己的實戰經驗

關於如何「用自己的話做筆記」，前文提了四個建議。在此基礎上，如果你想進一步借助做筆記解決現實問題、影響現實世界，透過穩紮穩打的記錄實現可疊加的進步，那麼我們還有第五個建議：記錄你的實戰經驗。

所謂實戰經驗，對應的是理論知識，指我們在實踐過程中收獲的有價值資訊。比如，如果你是醫師，醫治病人的診療經歷，是你的實戰經驗；如果你是創業者，曾經踩過的坑、做過的決策，是你的實戰經驗；如果你是作家，平日裡打字積累的手感、總結的方法，是你的實戰經驗……總之，只要你是一個不斷做事的人，那麼就會有大量的實戰經驗產生，而它們都值得被記錄下來。

或許你會說，可是我覺得自己的思考不成熟啊，做的事情太簡單，自己的實戰經驗不如書本上、課程裡的內容含金量高。毫不誇張地說，這種刻板印象讓許多人錯失了一座幫助自己高效學

習、穩步成長的「金礦」。

讓我們先來看看記錄實戰經驗為什麼如此重要。

為何記錄實戰經驗

記錄實戰經驗之所以重要，是因為它可以幫我們每個人，尤其是知識工作者解決學習和成長過程中的兩個典型問題：第一，熱愛學習卻進步有限，難以解決實際問題；第二，努力工作卻看不到成長的臺階，不知道如何積累核心能力。

先來看第一個問題，熱愛學習卻進步有限，難以解決實際問題。

我面試過一個印象深刻的候選人。那位候選人剛一進門，就丟在桌子上一本近兩個 iPhone 厚的冊子，然後坐下來自信滿滿地說：「這是我在某網站寫的精選內容合集，我在那個網站有上萬名粉絲，你可以先看看，然後我們再聊。」

我仔細翻了那本子，發現裡面內容雖然很多，但都是對時下熱門產品改進的介紹，很少有候選人自己的觀點。而當進入結合實際業務的筆試環節時，我請他設計一個審核系統的大致模型和業務流程，他呆坐在會議室許久沒有給出方案。結局自不必說，他沒有被錄取。

如果一個人只知道理論而無法實踐，那麼與紙上談兵無異。

其實這種情況在職場中並不少見。我們不能說那位候選人不

愛學習，但是脫離實踐的學習是極其低效的。用 Light 的話說：「世界上最遠的距離，是知與行的距離。理論上，理論和實際是一樣的；但實際上，理論和實際並不一樣。」

正確的學習姿勢，永遠是在實踐中學習：躬身入局，承擔明確的責任，感受切身的痛苦，直面具體的問題。這樣做了之後你會發現，要想做成一件事，除了基本的理論知識，還有太多書本上沒有的東西需要學習、值得積累。

比如，我從事網際網路醫療行業時就發現，這是一個新興行業，政策變化又多又快，要想做好相關產品，一定要研讀最新政策文件。雖然它們真的很枯燥，但如果不讀，你就不知道又有了什麼新規定，也不知道哪些做法是不合規的、哪些做法是有風險的等等。重要的是，這些經驗只有在實戰中才能獲得。

當時許多來面試的產品經理或運營，都吐槽平臺的問診流程太複雜，洋洋灑灑講半天優化方案。從純粹產品設計的角度來看，他們說的大部分都對，但如果根據《網際網路醫院管理辦法》來審視，就會發現大量漏洞。而那些漏洞大都是缺少實戰經驗導致的。

因此，你如果熱愛學習卻感覺進步有限，不妨嘗試記錄自己的實戰經驗。你會發現，那些書本上沒有的實戰知識，是解決問題不可缺少的依據。請記得，我們做筆記不僅僅是為了應對考試或輸出文章，更是為了解決現實問題，影響現實世界。

再來看第二個問題，努力工作卻看不到成長的臺階，不知道

如何積累核心能力。

我是學美術出身的，記得以前畫畫的時候，一天畫五張，上午一張素描，下午一張色彩，晚上再來幾張速寫。透過這種方式，我每天不停練習，持續了好多年。如果挑出不同年份的作品，我能明顯看到不同的變化。

這和記錄實戰經驗有什麼關係？仔細想想，我們看完一本書，做完一個方案，怎麼知道自己「進步」了呢？其實挺難的。但對學習繪畫來說，每張畫都是一次「回饋」，我能看到構圖、透視、色彩等方面的問題，然後在接下來的一次又一次練習中改進。

從這個角度看，如果你覺得努力工作卻沒有進步，可能是因為你的工作方法，就像是畫完畫之後立即把畫作扔掉，然後開始畫下一張。沒有儲存下來的記錄，你就沒法仔細分析並做出改進。

對於今天的知識工作者來說，很多人並沒有「畫作」可供參照，就像摸黑走路，看不見成長的臺階。而記錄實戰經驗，可以有效解決這個問題。

記錄實戰經驗，可以幫我們把原本看不見的成長變得可視化，讓我們更明確地知道自己哪裡做對了，哪裡做錯了，下一步該怎麼做。Light 經常在我們公司內部提道：推進、鞏固、再推進——如此反覆，我們就有可能實現可疊加的進步，就像爬樓梯一樣，一步一個臺階，而不是每一次都從零開始。

關於這一點，紀錄片《赤手登峰》（Free Solo）的主人公艾力

克斯・霍諾德（Alex Honnold）就是個典型例子。很多人知道，艾力克斯是一名攀岩運動員，曾在沒有任何工具和保護措施的情況下，徒手爬上近乎筆直、高達九百一十四米的酋長岩。但大多數人不知道，他之所以能完成這個壯舉，背後有一個功不可沒的幫手——攀岩筆記。

每次練習攀岩回來，他要做的第一件事就是記攀岩筆記。我們隨便摘錄幾則看看：

第一段，從左側一路向上，雙腿分開，很安全。

第二段，相信右腳，推重心。

……感到疲乏，需加強鍛鍊。

第八段，很容易，快速透過。

你看，艾力克斯記錄的技術要點，正是我們所說的實戰經驗。如果沒有這些，他就沒有復盤的依據；而有了這些記錄，他就可以據此做出調整、自我迭代，一步一步成長為攀岩高手。

關於個人成長，Light 曾分享過三種方法。他說，假設有資質相同的三個人，成長方法各不相同。A 的成長方法是「理論學習」，B 的成長方法是「理論學習＋實踐」，C 的成長方法是「理論學習＋實踐＋復盤」。那麼，A 的成長速度一定比不上 B，而 B 的成長速度一定比不上 C。假以時日，三人的境界也必然迥異。

如何記錄實戰經驗

瞭解了記錄實戰經驗的好處，接下來我們看看，記錄過程中有哪些需要注意的要點。

第一，如實記錄，對抗「認知失調」（cognitive dissonance）。

人類是最容易欺騙自己的動物。Light 曾經寫過一篇關於認知失調的文章，提到我們的大腦有一種自我保護機制，叫「認知失調」。簡單來說，當你有兩個認知彼此衝突、產生矛盾時，你會感受到壓力、焦慮、緊張和不安。而為了緩解這種壓力，你會有強烈的內在動機放棄或改變某個認知，使自己的認知重新調和一致。

舉個例子：

・假設我有一個基礎認知：我是聰明的；

・當我做了一個愚蠢的決策，這就和前一認知產生衝突；

・兩個認知彼此衝突，我便認知失調了，我有強烈動機去改變一個認知，以消除衝突；

・其中一個選項是改變「我聰明」這一認知，另一選項是改變「我做了愚蠢決策」這一認知；

・顯然，前者更難，讓我承認自己並不聰明，需要消耗大量心智成本和情感成本，這可太費力；

・於是我會更傾向於改變第二個認知，「我做了愚蠢的決策」這一認知被修正為「這個決策其實不蠢」、「這個決策不是

我做的」……

‧這樣一來，我又一次捍衛了「我是聰明的」這個堅定的立場。

你看，雖說認知失調是一種正常的心理現象，但它的可怕之處在於，認知衝突的消解，會自動在潛意識裡發生，且總是循著阻力最小之路發生。甚至在我們還沒有任何覺察的時候，大腦就已經巧妙地篡改了記憶，讓我們沒有機會去面對真正的問題。

而及時、如實地記錄自己的實戰經驗，可以幫我們有效對抗「認知失調」。因為如實記下來的文字會成為一種鐵證，不容篡改，讓我們無從逃避，唯有面對現實。

比如在設計 flomo 編輯器時，我們一度覺得只需要增加更多編輯功能就能讓用戶滿意，但實際上卻發現並不是這樣。下面的筆記就記錄了我們當時對於錯誤決策的復盤。

2023/06/11   ○

‧滿足用戶需求的時候，不應該盲目做加法，而是要想辦法降低複雜度。比如將功能分組或者折疊。

‧「選擇多」的產品看起來功能強大，實際上會讓用戶陷入選擇困難，上手成本很高。

‧不要輕易改變用戶的習慣，哪怕之前是不合理的設計，時間長了之後突然改動，也會引起很多人的反彈，就像 QWERTY 鍵

> 盤雖然不是最高效的，卻是最多人習慣使用的。
>
> ——少楠

第二，盡量詳盡記錄每一次重大決策的思考過程和結果。

Light 曾分享過他的筆記系統[1] 在他所有的筆記裡，「實戰經驗」這類最多。他記錄實戰經驗有一個原則，就是詳盡記錄每一次重大決策的思考過程和結果。

比如對我們來說，決定是否要寫這本書，就是一個重大決策，必須考慮非常多因素，於是 Light 在做筆記的時候，會記錄做這個決策的思考過程：

．我們能否駕馭好這個話題？能否真的幫助到讀者？

．寫一本書的複雜度，和寫一篇文章的複雜度，不可同日而語。我們做好準備了嗎？

．對應的時間成本會是多少？我們是否有足夠的空閒時間？

．還有哪些其他工作在推進？值得為寫這本書延後其他工作嗎？

．……

---

1. 詳見本書第二部分「案例二：以輔助決策為導向的分類方法」，此處先展示其中一部分內容。

2021/05/03

flomo 的定位和邊界：

‧不可能成為 Notion。產品架構有約束，市場競爭不允許。

‧核心定位還是卡片盒、收集器。

‧對應的關鍵體驗：

1. Input

 1.1 蒐集和記錄足夠方便，覆蓋盡量多的場景。

2. output

 2.1 被動

 2.1.1 回顧：持續為用戶帶來價值感和新鮮感。

 2.2 主動

 2.2.1 基於明確目的尋找：能找到，路徑短。

 2.2.2 基於模糊目的探索：連結豐富，可選路徑（線索）多。

‧不為：

 ‧半衰期短的內容（如 to do）。

 ‧富文本編輯（如文檔）。

 ‧需要用戶過多投入的連結建立（如雙向連結功能）。

——Light

　　再比如，如何確定 flomo 的核心定位和邊界，對我們來說也是非常重大的決策。而上面這則筆記，就是二〇二一年年中，

Light 記錄的關於 flomo 核心定位的思考。

值得注意的是，我們除了要記錄決策前的思考過程，還要記錄決策後的實際結果，以便對照分析、完成復盤、不斷校正、自我迭代。關於如何復盤，又是個大話題，此處不做展開。簡單來說，我們需要透過復盤做到：

（1）如果結果是差的，能夠知道錯在哪裡，往後如何改進。

（2）不僅要發現不好的進行改進，還要挖掘做得好的持續發揚。如果結果是好的，可以看看是因為做對了什麼決策，往後如何繼續保持。

（3）特別注意一種情況——雖然結果是好的，但和你的決策並不相關，只是瞎貓碰上死老鼠，那就莫要亂得意，更不要總結出錯誤的「成功」經驗。就像那個經典的電梯故事：

電梯裡有三個人：一個人做伏地挺身，一個人蹲著，一個人跳躍。到了二十四樓，有人問他們是怎麼上來的。

第一個人說，我做伏地挺身上來的。第二個人說，我蹲著就上來了。第三個人說，我是跳上來的。其實，他們都是坐電梯上來的。

無論是上述哪種情況，如實、詳盡的記錄都能幫助你清晰、客觀地分辨出因果，然後持續迭代自己，一步步積累出不可替代的核心競爭力。

小結

　　在我們每個人的日常工作中，除了工資等收入之外，實戰經驗也是非常有價值的——甚至我們愈年輕，就愈重要。

　　這並不是什麼雞湯。因為這些經驗不但能隨著時間積累，還能一輩子跟著你走。就像我和 Light，十多年前我們剛認識的時候，薪資和初入職場的大多數人沒什麼差別，但一起做項目的經驗卻彌足珍貴，以至於到今天依舊能為我們帶來啟發和幫助。

　　所以，不論你在哪裡，做什麼工作，請記錄你的實戰經驗，這樣做不但能讓你有更多反思和進步的空間，還能讓你持續積累「長在身上」的能力，變得更有價值。

建議六：
精煉核心內容

前文分享了很多建議，比如記錄有啟發的內容、記錄反直覺的資訊等，都是為了幫你解決該記什麼、如何記得更好的問題。如果你把這些建議付諸實踐，發現「用自己的話做筆記」愈來愈輕鬆，恭喜你，你已經闖過了「有效做筆記」最重要的一關。

到了這個階段，如果你還想更進一步，希望借助做筆記更高效地思考，更得心應手地把筆記用起來，我們還有最後一個建議：精煉核心內容。

為何對記錄進行精煉

我和 Light 都讀過《鄧小平時代》[1]。這本書字數多達四十七萬

1.〔美〕傅高義：《鄧小平時代》，馮克利譯，生活·讀書·新知三聯書店，二〇一三年出版。

七千字，如果用 iPhone13 大小的手機，大概需要翻一千六百二十二頁才能翻完。

當時讀完這本書，我大概記了上百則筆記，因為覺得書裡有太多精彩的內容，所以貪心地想把它們都吸收到大腦裡。但後來和 Light 聊到這本書時，他對整本書的精煉讓我印象深刻，因為他只提煉了一個核心點：

什麼是「實事求是」？

· 擺脫意識形態的束縛。

· 承認令人不快的事實。

· 實踐是檢驗真理的唯一標準。

你看，面對這麼厚的一本偉人傳記，一種做筆記的方式，是不敢遺漏任何「精彩內容」，於是大而全地泛泛記錄；另一種方式則是根據自己的需要選擇要記錄的內容，集中花力氣把一個或幾個要點精煉透澈。哪一種更好呢？經過實際對比，我們建議你使用第二種——精煉核心內容，這是因為：

首先，精煉核心內容可以幫你更好地調用做過的筆記。一個赤裸裸的現實是，我雖然記了上千字的筆記，但每次向別人推薦這本書，卻無法從那麼長的筆記裡精煉出一個或幾個重點。相比之下，我和 Light 在創業過程中多次談到「實事求是」這一概念，每次提及，最先想到的就是 Light 那則筆記，因為足夠精煉——這就好比開卷考試，我們最好提前在書中把考點標記出來，而不是

帶著一本新書進去從頭看。

　　其次，精煉核心內容可以幫你鍛鍊決斷力與思考能力。筆記冗長未必是好事，因為那高機率意味著我們不敢放棄不重要的內容，而是跟著作者的思路往前走，丟掉了自己作為閱讀者的主動權，沒有思考到底什麼內容對自己有用。而精煉核心內容則可以幫我們進一步思考，對自己來說，究竟什麼內容才值得記錄，以及這些內容的精髓到底是什麼。

　　用力思考後你會發現，真正能為自己帶來啟發、對自己有價值的內容往往只有幾個點。我們要記錄這些點，而不是試圖複述整本書的內容，變成一臺複誦機。

如何對記錄進行精煉

　　知道了精煉核心內容的好處，接下來我們就來看看，具體如何讓筆記變得精煉。

先瞭解主幹，再從中挑選

　　很多人讀書或文章，一上來就急著做筆記。其實，這樣往往會讓我們陷入無盡的細節裡，使筆記變得散亂、臃腫，可能還會忽略掉對自己有用的關鍵資訊。

　　怎麼解決這個問題呢？我們的建議是，不要著急做筆記，而

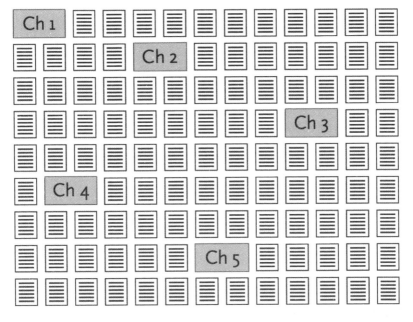

圖 2-2[2]

是盡量先瞭解整本書或整篇文章的主幹結構——因為這會幫你抽離出來，擁有更高、更廣的視角，知道書或文章的內容大致如何分布，從而為挑選值得記錄的內容打好基礎。

以閱讀某本非虛構類書籍為例，多數時候我們閱讀的順序都和下圖類似——從左到右，從上到下，一個一個章節線性地閱讀。由於每個章節依次展開，我們閱讀時就必須記住各種細節，比如

---

2. Francis Miller, Organising knowledge with multi-level content: Making knowledge easier to understand, remember and communicate, https://www.francismiller.com/organising-knowledge-paper.pdf, June, 2023 .

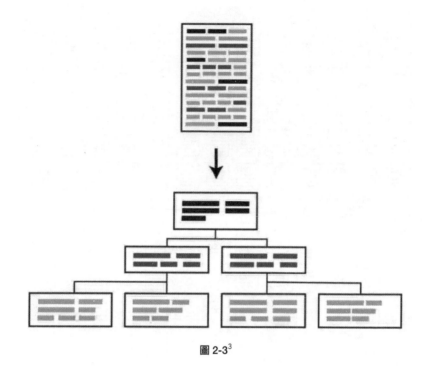

圖 2-3[3]

拗口的外國人名，否則很難讀下去。如果過度關注此類細節，我們的注意力範圍就會被占滿，從而忽略章節和章節之間的結構關係，甚至可能還沒讀到真正有用的部分就已然放棄。

　　或許我們可以換個思路來看：不著急進入細節，而是邊讀邊拆解其結構。比如，你可以在閱讀前先翻看序言和目錄，大概瞭解這本書的各個章節以及章節之間的關係，然後再詳細閱讀。具

3. Francis Miller, Organising knowledge with multi-level content: Making knowledge easier to understand, remember and communicate, https://www.francismiller.com/organising-knowledge-paper.pdf, June, 2023 .

體到每篇文章，你也可以跳出來看看這篇文章有幾個部分，它們之間的關係是什麼。像這樣在宏觀和微觀之間反覆切換，可以幫你在腦海中建立起類似下圖這樣的結構，也就是內容的主幹。

當然，並非每一本書的目錄、每一篇文章的小標題都足夠清晰。面對這種情況，你就需要花點時間「破譯」主幹。具體來說，你需要從讀者視角轉換到作者視角，瞭解一本書或一篇文章是如何組織的。

比如，作為作者，在寫這本書的過程中，我們腦海裡有很多內容想和你分享，但要想讓你更好地理解它們，我們就必須設計一個特定的結構——也就是這本書的主幹，然後按照主幹結構一點一點組織文字。你在看的這本書，就是按照「應用篇」、「記錄篇」、「蒐集篇」、「心法篇」的結構組織而成的。

你可能覺得，作者怎麼想，我怎麼知道呢？這裡其實有個小祕密：多數作者設計結構都不是隨意而為，而是會遵循特定的模式。瞭解這些模式，正是你「破譯」主幹的突破口。

那麼，具體有哪些模式？我曾在研究知識管理問題的時候讀到一篇論文[4]，作者指出，組織知識主要有以下九種結構。也就是說，我們平時看到的很多書或文章所使用的，多是其中某一種結構或某幾種結構的混合：

---

4. Francis Miller, Organising knowledge with multi-level content: Making knowledge easier to understand, remember and communicate, https://www.francismiller.com/organising-knowledge-paper.pdf, June, 2023 .

1. 樹狀分類（Taxonomy）：將元素分類，層級化展示，常見於科學類書籍，比如生物學書籍中的生物分類法。

2. 因果解釋（Causal Explanation）：解析原因與結果，常見於社會科學類書籍，如解析某種思想的萌發。

3. 描述（Description）：解釋事物的組成部分，常見於各種工程技術類書籍，如描述發動機結構。

4. 時間線（Timeline，時間軸）：按時間順序排列事件，常見於歷史或傳記類書籍，如印象派發展的時間線。

5. 論點／案例（Argument/Case）：論證某觀點，常見於政治、經濟或法律類書籍，如論證一種制度的合理性。

6. 內容結構（Content Structure）：概述內容安排，常見於教科書或工具類書籍，如概述課本的章節結構。

7. 故事（Story）：敘事手法，常見於小說或個人傳記類書籍，如描述一個人的成長經歷。

8. 流程與順序（Process/Sequence）：描述特定過程中涉及的步驟，常見於操作指南或程序類書籍，如描述機器操作的流程。

9. 關係（Relationships）：分析元素關係，常見於涉及關係的書籍，如對比兩種理論的區別或優劣。

瞭解了這些結構，你就可以在拿到一本書或一篇文章的時候，大致判斷一下它使用了其中哪一種或哪幾種，然後再結合實際情況，重點閱讀對你有價值的模塊和內容。

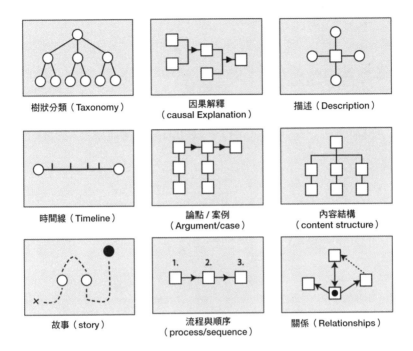

樹狀分類（Taxonomy）　　因果解釋（causal Explanation）　　描述（Description）

時間線（Timeline）　　論點／案例（Argument/case）　　內容結構（content structure）

故事（story）　　流程與順序（process/sequence）　　關係（Relationships）

圖 2-4[5]

　　這裡不妨做個小測試，《筆記的方法》這本書的結構更符合上述九種結構中的哪一種或哪幾種？

　　值得注意的是，理解主幹並不要求你為一本書或一篇文章繪製精美的心智圖，那樣就本末倒置了。我們理解主幹，不是為了把每一個細小的分支都拿放大鏡看清楚，而是有一個概覽就好，

5. Francis Miller, Organising knowledge with multi-level content: Making knowledge easier to understand, remember and communicate, https://www.francismiller.com/organising-knowledge-paper.pdf, June, 2023 .

避免自己一頭鑽進細節裡。

記一部分也無妨

摸清主幹之後，你就可以一邊閱讀，一邊挑選值得記錄的內容了。

至於如何挑選，具體方法其實你已經掌握——正是前文提及的幾項建議，比如記錄有啟發的內容、記錄反直覺的資訊等。是的，此前的建議不僅適用於記錄碎片時間裡的想法，在你集中學習的時候，也同樣適用。

舉個例子。我在讀史蒂芬·金（Stephen King）的《史蒂芬·金談寫作》[6] 這本書時，看到許多「非常有道理的觀點」，但對當時的我來說，「慎用副詞」這個觀點 [7] 最有啟發，所以我便精煉記錄如下，也在本書的寫作中努力踐行。

---

6. 〔美〕史蒂芬·金：《史蒂芬·金談寫作》，石美倫譯，商周出版，二〇二三年出版。
7. 書中部分原文：「我相信通往地獄的路是副詞鋪就的，我要站在房頂，大聲疾呼這個觀點。」

2023/01/19

寫作時慎用副詞

慎用「憂傷地」、「緊張地」等副詞，因為用副詞多是由於原本的文字無法呈現真實的狀態或氣氛，所以作者只能用副詞再次強調。

如果想寫出真實的狀態或氣氛，作者最好直接表達。副詞所表達的意思應該由讀者自然感受，而非由作者強加於人。

https://www.douban.com/group/topic/2226080/?-i=40881579pt

AAhb,4752579ktxgnpg

——少楠

　　英國作家艾倫・狄波頓（Alain de Botton）說過一句話，很好地闡釋了閱讀或學習的真義。他說：「對作者而言，書也許可說是『結論』，對讀者而言，書則是『激發』……我們應該為了領會自己的感受去讀他人的書，我們應該延展的是我們自己的思想，儘管也許是某位作家的思想幫助我們達到了這一目的。」[8]

　　所以，無論是讀一本書，還是聽一場培訓，你都不必追求完整記錄這種形式，也不必完美複述作者的結論，沒有人會考你。退一步講，現在大多數內容都能很方便地檢索及保存，因此專注

8.〔英〕艾倫・狄波頓：《擁抱逝水年華》，廖月娟譯，先覺出版，二〇〇一年出版。

記錄對自己最有價值的內容就好，記一部分也無妨。

反覆刪減，減少冗餘

記錄了最有價值的內容之後，你還要注意反覆刪減，減少記錄時產生的冗餘。

比如，下面第一則是我記錄的關於希克定律（Hick's Law）[9]的筆記，雖然我已經理解了主幹，挑選了對自己有價值的部分，但仔細看就會發現，這則筆記裡還是有一些囉嗦的字詞、學術化的解釋、不必要的背景資訊等。而第二則是刪減冗餘後的記錄，很明顯精煉了不少。

2021/06/13

希克定律預測，隨著選擇的數量和複雜性增加，做出決定所需的時間也會增加。一九五二年，心理學家威廉‧埃蒙德‧希克和雷‧海曼在研究了「當前刺激數量」與「個體對任何給定刺激的反應時間」之間的關係後，提出了這個結論。

人類大腦與電腦處理器類似，處理資訊的能力有限。因此，當輸入資訊量超過處理能力時，我們就會產生認知負荷。這會導

---

9. 又稱「希克－海曼定律」，可簡單理解為：人面臨的選擇愈多，所要消耗的時間成本愈高。

致我們的工作表現受影響，比如忽略關鍵細節，甚至因此感到沮喪。

一些啟發：

・太多的選擇會增加用戶的認知負荷。

・做產品設計要將冗長或複雜的流程拆分成一個個選項較少的步驟，以減少新用戶的認知負荷。

https://alistapart.com/article/psychology-of-design/

——少楠

2021/06/13 ○

希克定律指，選擇數量影響決策時間，選項愈多，決策時間愈長。其背後的邏輯是，大腦範圍有限，一旦被過多選擇占滿，會導致人的工作效率下降。如何避免？

・避免選擇過多，增加認知負荷。

・將複雜選項減少為多個簡單的步驟。

・將複雜隱藏，根據程度逐漸披露。

https://alistapart.com/article/psychology-of-design/

——少楠

我具體是怎麼刪減的呢？起點在於，我重新思考了記這則筆記的目的——是知道其誕生背景用來對其他人做科普？還是讓自

己在設計產品時做出更好的決策？顯然後者才是正解。於是我刪掉了背景資訊和比喻，僅保留基礎定義和解決方案。

不要擔心這樣是在浪費時間。因為反覆刪除、減少冗餘的過程，並非簡單的文字遊戲，而是促進理解的手段——它既需要我們積累大量的背景資訊，也需要我們思考記錄的目的，還需要我們識別出無效內容，一字一句去蕪存菁——每一步都會幫助我們消化、理解筆記，而只有理解之後，把筆記用起來才更容易。

反覆整理，避免臃腫

隨著你的閱讀量愈來愈大，經歷愈來愈豐富，筆記也會愈來愈多。到了這個階段，除了關注單則筆記內容是否精煉，你還要關注筆記和筆記之間的關係是否有序。

具體來說，你可以透過以下三種方式，反覆整理筆記，讓你的筆記更精煉、更有序：

第一，對於重複的資訊，做剔除和精簡。你從不同管道獲得的很多觀點，可能只是同一核心內容的不同表述方式。這時你要大膽剔除重複資訊，讓筆記保持精簡。比如我曾經在不同場合看過矽谷投資人納瓦爾·拉維肯（Naval Ravikant）的訪談，後續讀《納瓦爾寶典》[10] 一書時，我就把之前許多重複的筆記刪除，或將

10.〔美〕艾瑞克·喬根森：《納瓦爾寶典》，謝佩奴譯，天下雜誌，二〇二四年出版。

其和新的讀書筆記合併在一起。

第二，對於同類的資訊，做歸納總結。你過去記錄的不同筆記，可能屬同一大類下的不同細分領域。等有了更高角度的視角時，你就可以把它們的共同類別提煉出來，然後繪製出一個層級結構。比如我之前學習哲學，記的筆記七零八落，看過《用得上的哲學》[11]一書之後，我開始對哲學的發展和各個流派有了更清晰的認識，於是基於新的認識，把之前散落的筆記歸納到了一起。

第三，對於有因果關係的資訊，辨析哪些是本質，哪些是現象。比如如何解決手機成癮問題，有人跟你說可以用 A 辦法，還有人跟你說可以用 B 辦法，你分別記了筆記。後來你發現，其實做了 A 可以導致 B，A 是更偏本質的資訊，B 是更偏現象的資訊，它們之間有因果關係。這時候你就可以把兩則筆記合二為一，並記錄它們之間的關係。

小結

精煉過的筆記是最有價值的內容，因為它們更容易在我們遇到問題時被調用。另外，精煉即取捨，這個過程也會不斷逼迫我們去思考，積累知識的目的究竟是什麼。

---

11. 徐英理：《用得上的哲學》，上海三聯書店，二〇二一年版。

為了更好地精煉你的筆記，我們的建議是：不要著急進入細節，而要先理解主幹，再從中選擇要點；不要貪心，記一部分也無妨——如果是重要的知識，將來你還會在其他地方遇到，而不重要的知識被記錄下來，反而徒增壓力；不斷刪減冗餘、整理關係，讓你的筆記處於活躍、有序狀態，隨時準備好為你所用。

　　最後還有一個小提醒：精煉筆記有個基本前提，那就是自己回看時能讀懂。換句話說，精煉筆記不是目的，為你所用才是目的。因此，不要為了精煉而精煉，切勿捨本逐末。

用標籤為筆記分類

為什麼要用標籤為筆記分類

　　前文介紹了第一種對資訊進行預處理的方法，即「用自己的話做筆記」。接下來，我要為你介紹第二種預處理方法，叫做「用標籤為筆記分類」，也就是為你的筆記加標籤。

　　先來介紹一下什麼是加標籤。很多筆記工具，包括許多手機自帶的「備忘錄」，都有「標籤」功能，一般採用「#+ 關鍵字」的形式。假設你想給一則筆記加上「工作方法」標籤，那麼只需在「工作方法」前加一個「#」，然後把「# 工作方法」插入到筆記的任意位置，這個標籤就加好了。

用標籤分類的好處

　　這樣加上標籤有什麼好處呢？好處在於可以幫你降低大腦的記憶負擔，提升提取筆記的效率。具體來說，主要體現在以下兩個方面。

第一，加上標籤可以幫你做好歸類，在你需要的時候，快速提取某一分類下的所有筆記。

假設你是一位內容從業者，平時會記錄關於選題的細碎想法，並為這些筆記加上「＃選題思路」這一標籤，那麼等你做選題沒思路的時候，就可以點擊這個標籤，一鍵調取之前記過的所有相關筆記；假設你是一位健身教練，平時會記錄和營養餐相關的知識，並為這些筆記加上「＃營養餐搭配」的標籤，那麼當學員向你諮詢「鍛鍊後吃什麼」的時候，你就可以點擊這個標籤，調取筆記為他們支招。

不要小看這個方法，如果你在某一標籤下有足夠多高品質的筆記積累，那麼它很可能會在關鍵時刻幫你一把。

舉個我自己的例子。二〇二一年，我收到杭州某大廠邀請，希望我給他們的員工做一場以「交易平臺」為主題的培訓（「交易平臺」指買賣雙方之間的第三方平臺，大家熟悉的淘寶、京東都在此列）。他們之所以找到我，是因為自二〇一七年起，我就開始負責一個醫療「交易平臺」的經營，幾年來積累了一些實戰經驗。

由於「交易平臺」這個話題涉及方方面面的知識，從建立到經營，從增長到治理……紛繁複雜，因此要在短時間內準備一場面向資深從業者的培訓，並不是一件容易的事。幸虧我此前記了上百則帶有「＃交易平臺」標籤的筆記。在這些筆記的幫助下，我只花了四個晚上就準備好了全部的培訓內容。

　　無論你從事什麼職業，深耕哪個領域，對哪些事物感興趣，都可以透過加上標籤，把同一類型的筆記歸攏到一起。未來某天，一旦遇到相關問題，你不必絞盡腦汁、苦思冥想，只需輕輕一點，就可以把此前的靈感碎片、思考結晶、關鍵技巧、精彩素材統統提取出來，為你所用。

　　第二，加上標籤可以幫你實現網狀分類，而不僅僅是層級分類，從而提高提取筆記的效率。

　　或許你會說，用文件夾（或筆記簿）分類不也可以快速定位嗎？幹麼非得加上標籤呢？

　　的確，如果只是簡單分類，兩者看起來差別不大。但如果更進一步來看，你會發現它們其實有天壤之別。

　　「文件夾」所代表的分類格式，是指一個單位的知識被保存到一定的文件路徑中，也就是被放在一個文件夾或筆記簿裡，每則筆記一般只存儲在一個嵌套的層次結構裡。

　　但在為筆記分類的時候，你會很快發現，一則筆記可能和你考慮的三個問題有關，這會導致你在使用文件夾時陷入困境——如果只是把這則筆記放在一個文件夾裡，那麼它就無法和其他內容產生聯結，繼而喪失了上下文，被孤零零地丟在某個角落，難以被記起；而如果把這則筆記同時放在三個文件夾裡，那麼你以後對它進行任何修改，都需要面臨三倍的工作量。

　　因此，如果面向未來去看，我們更推薦你使用標籤進行分類。原因很簡單，當一則筆記與你關注的多個問題相關時，你可以在

這則筆記上添加多個標籤，而不需要把它複製很多份。這樣的好處在於，你可以不受文件夾層次結構的限制，從多個角度查看過往的筆記。

比如，我有一則筆記記錄了《百勝營銷法》[1]中的 R.E.D. 原則[2]。

我先是把它放在了「# 百勝營銷法」標籤下；又因為這個知識點能指導我做營銷工作，我同時把它放在了「# 營銷」標籤下，方便我在遇到營銷問題時找到它——這就大大提高了提取效率。

讀到這裡你可能會有一個疑問，用標籤分類是不是就喪失了文件夾分類的優勢，無法呈現知識的層次結構？

別擔心，如今愈來愈多的筆記工具都在支持多級標籤功能，比如在 flomo 中，你可以用「# 標籤／子標籤／孫標籤」的格式創建標籤，像是「#Area／營銷」這個標籤，就相當於傳統標籤系統中的「#Area」和「# 營銷」兩個標籤。不僅如此，這樣加上標籤還能讓你的筆記在標籤列表中體現出層次結構。

除了結構差異，兩者還有一個使用上的差異。文件夾往往要求先分類後記錄，而大多數時候，我們遇到的各種值得記錄的事情並非都在某個固定分類下，如果要保持分類清晰，就需要不斷切換文件夾，非常麻煩。而用標籤就會輕鬆一些，遇到值得記錄

---

1. 〔美〕格雷格・克里德等：《百勝營銷法》，于楠譯，中信出版社，二〇二二年出版。
2. 百勝餐飲集團的營銷法則，其中 R（relevance）代表相關性，連結產品與用戶；E（ease）代表便利性，讓用戶能夠輕鬆捕捉產品資訊、獲取產品；D（distinctiveness）代表獨特性，幫助企業建構護城河。

的事情，你可以先記下來，然後再慢慢加上標籤。甚至如前文所言，你可以為一則筆記加上多個標籤，這樣既能讓值得記錄的東西不輕易溜走，又能讓你更輕鬆地完成分類，慢慢建立網狀結構。

沒有標準答案，不必束手束腳

在加標籤或說給筆記分類之前，很多人都非常困擾，因為不知道要怎麼分──是按屬性分類，如「讀書筆記」、「會議紀要」，還是按內容分類，如「管理」、「寫作」，還是按問題分類，如「團隊如何激勵」、「如何做好小紅書」？太混亂了，許多人往往止步於此。

那該怎麼辦呢？讓我們回到原點，嘗試解答一個基本問題：分類的目的是什麼？答案很簡單，分類是為了讓「自己」更容易找到資訊，而不是別人。換句話說，對於別人來說有用的分類方式，可能對我們自己並不適用。

這讓我想起了一個有關家父工具箱的故事。我父親在改革開放初期下海開起了計程車，當時修汽車的地方不多，所以他總會在車上放一個紅色的鐵皮工具箱，車子有些小毛病，他就自己修理了。在我看來，這個工具箱亂得一塌糊塗，裡面有各種尺寸的扳手和螺絲刀，還有各種尺寸的釘子和螺絲帽──反正每次我想從裡面找個什麼東西修修自行車或者拆拆電腦，都得扒拉半天。但奇怪的是，父親每次修車，總是隨手翻幾下，就能找到想要的

東西。後來我才知道，父親的工具箱並不「亂」，只是我沒看懂而已。

在我的印象裡，所謂分類就應該整整齊齊，扳手應該和扳手放在一起，螺絲刀應該和螺絲刀放在一起——就像商店的貨架那樣整齊清爽。但父親的分類方式則更實用——他會把那些經常用到的工具放在上面，比如某個尺寸的固定扳手、十字螺絲刀等，而把另外一些偶爾用到的工具，諸如化油器扳手，放在最底下。

其實，我們給筆記加上標籤何嘗不該如此？這件事不需要按照某種客觀標準執行，而應該以我們自己的需求為導向。

在寫這本書的過程中我們得知，得到的很多老師在給筆記加上標籤時，也是這麼做的。比如，羅振宇有兩個很獨特的小標籤，「＃故事」和「＃演講金句」。所謂故事，就是談資，聊天的時候能用上，所以大家和他聊天時總是笑聲不斷，很輕鬆。而金句更好理解，每年「時間的朋友」跨年演講總會展示金句，其中許多都來自他日常的積累。除此之外，他還有一個「＃育兒」標籤，這個標籤下的筆記不是育兒方法、育兒道理，而是可以講給孩子們的事情——這是他有孩子之後才新建立的標籤。

無獨有偶，我們平常也能碰到許多用戶分享有啟發的分類方式。這些分類在外人看來或許匪夷所思，但都非常符合他們自己的應用場景——你能透過下面這些標籤猜到他們的職業或興趣嗎？

2023/07/07

flomo 使用規範：

在言簡意賅的基礎上——

· 一個具體的、正在疑惑的問題用 # 疑惑，日後回答用 # 解答

· 有來由的用 # 思考，拍腦袋的用 # 想法

· 沒瞭解過但想去看一下的事物用 # 好奇，日後要來 # 填坑

· 一些自己的念念叨叨用 # 念念叨叨

· 見到的一些好東西用 # 見，最好輔以出處

· 有道理的資訊 # 有道理

· 忍俊不禁的事情 # 哈哈哈

· 學習到的英文 # 英語

· 好玩的東西 # 好玩

· 奇怪的知識 # 奇怪的知識，不奇怪的知識 # 知識

· 對自己的認識和研究 # 自我分析

一旦形成相對系統或重要的知識模組，將其加入 Notion 或 blog。

——超級 Rui

對內探索：

膽怯，# 低落，# 煩躁，# 憤怒，# 復盤，# 焦慮，# 開心，# 迷茫，

#冥想，#能量／體力，#擾動，#思維陷阱，#逃避，#資訊焦慮，#厭煩，#疑問，#正向能量，#注意力，#自我價值

——ScarletJ

#打工沉思，#電影摘抄，#讀書筆記，#廣林隨記，#廣林有感，#名詞概念，#一個技巧，#一個角度，#一個瞬間

——言廣林

#讀書筆記，#人生經驗，#法律實務，#法學方法論，#勞動法，#律師法，#民法典，#民事訴訟

——棋親王

　　接下來，我會詳細介紹兩個以自身需求為導向的標籤分類案例，一方面希望幫你理解分類的多樣性，讓你不再感到束手束腳，另一方面也希望幫你理解有效分類的共性，在為自己的筆記創立分類的時候少走彎路。

　　那麼，讓我們開始吧。

案例一：
以精進領域為導向的 I.A.P.R 法

前文提到加上標籤沒有標準答案，要根據自己的需求去做。接下來我分享一個自己的案例，聊聊我對加上標籤這件事的探索，以及我現在是如何用標籤對筆記分類的。

正式分享前，稍微補充一下我的背景，方便你更好地理解我的筆記分類案例。

我大學學的專業是動畫設計，畢業後一直在網際網路行業工作。從二〇〇八年畢業到二〇二一年再次創業期間，有過兩段雇員經歷，主要做產品設計，後來轉型為產品經理；另外還有過一段創業經歷，在二〇一四年行動網際網路熱潮之中，我做過一個美食社區「食色」，只不過和大多數沒找到商業模式的產品一樣，「食色」於二〇一六年年底關閉。從二〇二一年開始我再次創業，做的是至今仍在進行中的 flomo 這款筆記工具。

從上述經歷你或許已經看出來了，或主動或被動，我在許多

領域浸泡過，解決的問題非常廣雜，涉獵的知識也各種各樣。比如二〇一一年正式進入網路公司時，我會記錄各種不同類型的筆記：有近期要用的招聘面試筆記，也有廣泛的自我認知筆記；有感興趣的經濟學筆記，也有老本行視覺設計筆記；除此之外，更有別人推薦但自己一知半解，不確定要不要深入學習的金融知識筆記……

這麼多內容，分起類來自然很頭痛。從文件夾到標籤，什麼方法我都用過。下圖是一張我當時的「知識地圖」，你能看到許多不同的分類，比如「視覺設計」、「故事思維」、「數據結構」、

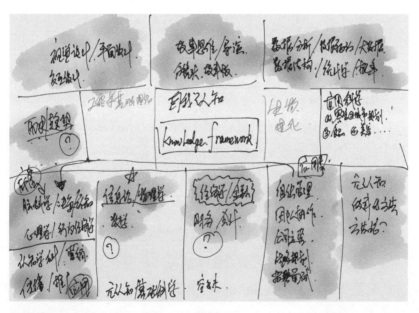

圖 2-5

「組織管理」、「公司運營」、「元認知」等等。

這些分類乍一看似乎沒問題，但使用體驗並不好，為何這麼說呢？因為這些分類的依據是我從外界「搬運」的，並不是我的內部視角。

比如當時我想學點經濟學入門知識，於是照著某本教科書的目錄囫圇吞棗創立了許多分類，然後把每一則讀書筆記都放在其中。這一切看似很美好，但某次想找資料時，我卻發現這些分類非常陌生，不得已只能從頭一點一點地翻看。而脫離那本教科書後，再記錄經濟學相關的筆記時，我也很難判斷該將它們放在哪個分類下。

為了解決這個問題，我沒有引入更多「客觀、科學、嚴謹」的外部分類，而是在知名效率專家提亞戈‧佛特多篇文章的啟發下（詳見後文「建議一：結合需求，先借鑑再改造」），將分類的視角從外部轉為內部，並且在他的分類思路的基礎上，逐漸摸索出了符合自身需求的 I.A.P.R 標籤分類法。

I.A.P.R 是什麼

先來問個問題：當你看完一本關於品牌營銷的書，做了一些筆記後，你會如何為這些筆記加標籤？是加上「# 商業」的標籤，還是加上「# 品牌營銷」的標籤？

如果是我，我很高機率會為它們加上「# 領域」這個標籤，

然後加一個「＃營銷」的子標籤。如果你用的筆記工具支持多級標籤，那麼合起來大概是這樣：「＃領域／營銷」。

你可能會有疑問：「領域」是什麼意思？除了領域還有什麼？

其實對我來說，所有的筆記都會被放在「＃收件箱」、「＃領域」、「＃項目」、「＃興趣」這四大標籤之下（實際使用時習慣用英文，比如 #Inbox、#Area 等）。這四個標籤的簡稱，便是 I.A.P.R。我們一起看看它們分別代表什麼意思：

I：I 是 Inbox 的縮寫，意思是「收件箱」。收件箱用來存放所有臨時性的、還未消化的內容。它可以讓我在記錄時不必糾結把筆記放在哪個更具體的標籤下，但需要定期整理。

別小看這個收件箱，它其實相當於電腦作業系統裡的「快取」（cache）。有了它，我就能快速捕捉各種靈感，不用擔心找不準分類，或者沒時間分類的問題，減少記錄壓力；等到有空時，我可以再對記錄的內容進行分類。

許多人覺得為筆記分類會打斷記錄時的思路，大多都是因為缺少這樣一個收件箱當快取。所以我把收件箱放在第一位，把它作為大多數筆記的第一站。

A：A 是 Area 的縮寫，也就是前面說的「領域」。領域用來標記那些做了對別人有幫助，做砸了自己要承擔責任的事情。比如對我來說，我的筆記裡會有這些領域：

· 健康；

· 產品；

- 生成式人工智慧；
- 營銷；
- 知識管理；
- ……

　　我在產品、知識管理等領域持續做筆記，都是為了讓 flomo 更好用，且幫助到更多人。而一旦我在這些領域有所懈怠，那麼 flomo 很可能會面臨產品落後、無人知曉的風險。

　　P：P 是 Project 的縮寫，意思是「項目」。項目用來標記那些有明確起止時間和目標的事情。比如對我來說，我筆記裡的項目有：

- flomo 的某個功能設計，如「每日回顧」功能的升級。
- flomo 的某個市場活動，如周年慶聯合活動。
- 《筆記的方法》這本書的寫作。
- ……

　　這些項目都是每天在發生的事情。我在這類筆記裡主要記錄對項目的思考、決策，以及對應的結果。

　　R：R 是 Resource 的縮寫，本意是「資源」，我用它來標記那些自己持續感興趣，但對別人沒影響，別人也不在乎的內容，比如遊戲設計、寫作技巧、電腦歷史、政治經濟學等。這些內容既是我的興趣所在，也是可能會轉化為「領域」的寶貴資源。由於

「資源」一詞比較抽象，為方便理解，後文中的 R 都用「興趣」一詞代指。

這樣區分有什麼好處？相較於前文那種看似客觀的標籤，這種分類的出發點不是外部視角，而是內部視角。也就是說，我的標籤不再按「別人」的標準去標示，而是以我的視角和需求為主——「我的」領域、「我的」項目、「我的」興趣、「我的」收件箱。這樣加標籤，標示起來更順手，用起來更方便。

此外，四大標籤還具備天然的優先級關係。比如「＃領域」標籤下記的是每週、每月、每年不斷精進的事情，也是長期來看很重要的事情，屬於第一優先級；「＃項目」標籤下記的是每天都會變化的事情，也是近期比較重要的事情，屬於第二優先級；「＃興趣」標籤下記的是我自己感興趣，沒有固定期限的事情，屬於第三優先級；而「＃收件箱」裡存放的是臨時筆記，這些筆記需要被定期轉移到其他三個標籤下。

帶著這種內部視角回看前文讀書筆記的例子，你就理解我為什麼會給它加上「＃領域／營銷」這個標籤了——因為對於當下的我來說，「營銷」是一個需要不斷鑽研的領域，只有知道如何做營銷，才能讓更多人知道並用上我們的產品。

這樣加上標籤之後，每當遇到產品營銷問題，我就可以自然而然地透過「＃領域／營銷」這個標籤提取相關筆記為我所用。

四大標籤相輔相成、結構穩定

在 I.A.P.R 標籤分類法中，四大標籤並不是相互獨立的，而是相輔相成、互相促進的。

具體來說，我關注的「領域」要透過一個又一個「項目」不斷精進；我在「項目」裡遇到的問題，可能會在「領域」或「興趣」中找到答案；「興趣」隨著時間的投入有可能轉化為「領域」（有些「領域」也會隨著時空變化而過時，或轉化為某種「興趣」），而「收件箱」裡的筆記則可能會被打上「領域」、「興趣」、「項目」三個標籤中的任意一個。

舉個簡單的例子。對我來說，保持身體健康是一個「領域」，因為身體壞了我要負責，不僅會影響家庭收入，還會耽擱工作。而週末去游泳池游十圈，就是一個「項目」。我透過一個又一個項目來完成健康領域的精進。

你看，「領域」和「項目」的關係在於：項目執行需要大量來自「領域」的知識做支撐，比如要想保持健康，我不能只游泳，那麼這時候我就需要去「健康」這一領域標籤下尋找「如何保持健康」的知識，例如飲食相關的知識，然後將其轉化為日常執行的「項目」——比如為了降低尿酸，「兩週內不吃海鮮」；而許多透過「項目」總結、沉澱出來的實戰經驗，又可以歸納到「領域」裡，以備將來取用。

簡單來說，只有「領域」沒有「項目」，相當於紙上談兵，

談不上任何精進；而只有「項目」沒有「領域」，則像是盲人摸象，會讓我們做事不得要領。

那「興趣」和「領域」的關係呢？其實差異就在「責任」上。比如我很喜歡玩單機電腦遊戲，業餘時間記錄了許多遊戲設計、攻略、玩法等「興趣」類筆記，有時候還會寫相關文章。但由於我的工作和遊戲無關，這些「興趣」就算很長時間沒有新知產生，對我影響也不大，我不需要為此負責。而如果我在用來吃飯的產品設計領域停止精進，我設計的產品可能就會被淘汰，我需要為此負責。

當然，理想狀態是「興趣」和「領域」差得不太遠，比如如果有些「遊戲設計」的思路能被借鑑到「產品設計」中來，那麼我們就可以說「興趣」支撐了「領域」。而假如有一天我開始設計遊戲產品，那麼此前對於遊戲設計的「興趣」就轉變成了一個重要的「領域」。

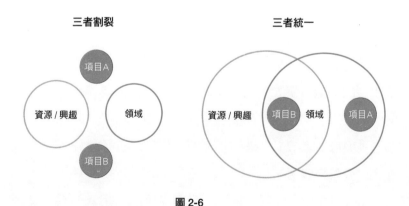

圖 2-6

　　除了相輔相成，按照 I.A.P.R 法加標籤的好處還在於，四大標籤的結構相對穩定——無論什麼時候，你都會有當下需要精進的領域，也會有一個又一個項目，還會有興趣，以及各種臨時性的筆記。但四大標籤不會隨著時間產生太大的變化。

　　比如對於我來說，這些年來，我對「交互設計」領域的關注在減少，對「思維工具設計」領域的投入在增多。我做過一個又一個項目，興趣也有所變化。但從大的標籤分類上來說，I.A.P.R 法的底層結構依然沒變，變化的只是大標籤之下的子標籤而已。

以精進領域為導向

　　瞭解了 I.A.P.R 法究竟是什麼，以及四大標籤之間的關係，我還想跟你分享一下，這套方法對我來說最重要的意義是什麼。對我來說，I.A.P.R 法是一套以「精進領域」為導向的標籤分類體系。換句話說，借助這套方法，我得以思考和明確自己的領域究竟是什麼，讓精進的方向變得清晰。

　　二〇一一年左右，我試圖在很多領域同時精進，比如既想學寫代碼、又想繼續研究動畫製作，樣樣努力但卻樣樣稀鬆。到了二〇一六年我才意識到，自己太「貪心」了，把許多「興趣」都劃歸到了「領域」裡。比如動畫製作，其實工作以後，我就沒有再依靠「做動畫」賺取過收入，也沒有和他人協作嘗試過什麼項目，只不過是隱約有個「動畫夢」想要完成。從這個角度來說，

動畫製作並不應該被當作一個「領域」，而應該被當作一個「興趣」。

這也是許多人感覺自己很努力，但是生活和工作沒有變化的一個原因——沒有分清楚自己的「領域」是什麼，「興趣」是什麼，從而錯配了時間和精力。

所以，當時我做了一個重要的決定：減少對寫程式、做動畫等事項的投入，將其轉化為「興趣」，有閒暇就玩一玩，沒時間就先擱置；將學習重心轉移到「服務設計」領域——所謂服務設計，指透過各方面的設計提升用戶體驗，比如我要經營一家餐廳，那麼我不僅要保證食材好，還要兼顧服務、環境等要素。

做出這個決定，一方面是因為我自己痴迷於研究服務設計——相比於產品設計，它涵蓋的範圍更大，有更多吸引我的新挑戰；另一方面也是時代變化的要求。二〇一五年前後，許多產品和服務都從線上 App 延伸到線下實體，諸如外賣、民宿、各種上門服務等。這意味著線下體驗變得重要起來——想像一下，當你等了許久，終於拿到來遲、已經冷掉的外賣，就算外賣 App 界面交互再好，你大概也無法抑制抓狂的心情。這些環境變化導致以關注人機交互界面為主的傳統產品經理競爭力下降，產品經理只有提升服務設計方面的意識和能力，才能不被時代淘汰。

你看，I.A.P.R 法可以幫我區分什麼是重要的，什麼是不重要的，讓我知道該把精力投入到什麼地方。而如果不去區分，即便每天忙忙碌碌，我也很可能是在原地踏步。

當然，領域不是選定了就不能變，你大可以隨著時間和環境的變化，調整自己的方向。比如早在做 flomo 之前，我就對個人知識管理、工具背後的思維方式等話題感興趣，因此記錄了大量的筆記。而做 flomo 之後，我此前的興趣就變成了需要不斷精進的領域，此前積累的相關筆記則變成養料，不斷滋養著 flomo。

最後，雖說 I.A.P.R 法可以倒逼我們思考並明確自己的領域，但方法畢竟只是輔助手段，選擇什麼領域，關鍵在於你的內心。

或許你會問，我怎麼知道自己未來要在什麼領域發展？

這裡有兩個識別標準供你參考，來自「矽谷創業教父」保羅·葛拉漢（Paul Graham）[1]：

1. 你是否對此特別痴迷，即使沒有任何回報也想做下去？
2. 這件事是否對別人有幫助，而不僅僅是滿足你自己？

痴迷，意味著你的能力跟得上，也不需要下很大的決心，就能持續不斷地做一件事。只有這樣，你才能捕捉到別人關注不到的機會，收穫更大的回報。對別人有幫助，則意味著你在為社會創造財富。痴迷電子遊戲的人很多，但設計出瑪利歐的只有宮本茂；痴迷網際網路的人很多，但創造出維基百科的只有吉米·威爾斯（Jimmy Wales）和拉里·桑格（Larry Sanger）。

---

1. Paul Graham, The Bus Ticket Theory of Genius, http://paulgraham.com/genius.html, August, 2023 .

所以，選擇領域，重要的是誠實地面對自己，而不是帶著尋找「標準答案」的心態隨大流。領域像是北極星，有了領域之後，我們就知道駛向何方，而不必跟隨過往船隻的燈光設計自己的航向。

小結

　　很多人把做筆記當作一件獨立存在的事情，但實際上，只記筆記沒有意義，它一定要為你的現實生活服務才有意義。加標籤也是如此，對我來說，I.A.P.R 法最大的作用不是讓各種筆記各安其位，而是提醒我思考，自己的領域是什麼，興趣是什麼，項目是什麼，並據此明確究竟該積累哪些方面的知識。

案例二：
以輔助決策為導向的分類方法 [1]

作為創業者和投資者，我做筆記的目的非常明確，就是更好地做經營決策和投資決策。

從這個目的倒推，以終為始，我將筆記分為三大類：

1. **內功心法**：高頻率使用的知識。

2. **招式套路**：低頻率使用的知識。

3. **實戰經驗**：實踐中的思考和外界回饋。

每一類筆記應用場景都不同，因而記錄重點、回顧方式、保存週期等策略也都有所不同。

---

1. 案例二的作者為 Light，首發於微信公眾號「Loudly Thinking」，原標題為〈一個創業者的筆記系統〉。此處略有修訂。為方便閱讀和理解，此部分保持第一人稱敘述。

內功心法

內功心法，指需要高頻率使用的知識。主要有兩類：

1. 長週期、經久不衰的普世智慧，我在公眾號發表的大多數文字都屬於此類，如〈實事求是〉、〈誠實〉、〈錢，生而不平等〉、〈概念考察〉等，我一般也將其稱為「常識」。

2. 並非普世智慧，但因工作緣故需要高頻率用到的專業知識，這部分因人而異，對我而言主要是商業模式的分析和構建，下面是一個例子。

2022/05/16

「商業模式」本質是在回應兩件事：核心資源與關鍵業務。

· 核心資源是什麼？企業如何獲取和使用這些核心資源？

· 創造價值的過程是什麼？企業如何讓這個過程更有效率？

#內功心法 / 投資 / 商業分析

—— Light

內功心法，顧名思義，必須經過長時間修練，徹底內化。重要的不是在筆記軟體中記錄了多少內功心法；重要的是，我能夠真正練成多少內功，並且可以在實戰中自然而然地運用。

因而，這部分筆記我會借助 flomo 的「每日回顧」功能高頻率重溫，也會在每一次重溫時結合新的經歷用力思考。

下圖便是 flomo 的桌面回顧小組件，它又一次教導我：不要追求徹底的秩序，適度混亂亦有好處。

當我確認完成內化之後，我通常會寫一篇成體系的文字以作梳理，並刪除 flomo 裡的相關筆記。

·梳理體系文字，是為了進一步梳理內在邏輯、加深理解。我寫的每一篇文章，雖也能對讀者有些啟發，但最大的受益者一定是我自己。

圖 2-7

·刪除 flomo 裡的筆記，是為了專注於修練其他內功。九陽神功既已大成，那就不必對祕笈戀戀不捨，咱繼續練乾坤大挪移唄。如此反覆，持續修行。

對於內功心法，做筆記純粹是一個過程，目的是將其內化於身，以六經注我。

招式套路

招式套路，指低頻率使用的知識。因為低頻率，所以沒必要像內功心法一樣用力內化，不划算；我將其看作一種外掛，需要時能夠裝備上即可。因而，對於招式套路，重要的是索引：

‧一是應用場景和知識點的索引，在有需要時能回憶起這個可解決問題的知識點。

‧二是知識點和詳細內容的索引，能在回憶起後迅速找到詳細內容，以便實操。

因此，記錄的重點也是索引：應用場景，要點概括，有必要也會再附上完整內容的連結。下面是一個例子。

2021/02/03

supervisor^2 使用詳解

https://www.jianshu.com/p/0b9054b33db3

招式套路 / 備忘 / Tech

——Light

這部分筆記也會偶爾回顧，但只是為了加強對索引的記憶，並不試圖內化，因而一般也不會刪除。

招式套路和內功心法的核心區別，只在於使用頻率的高低。

‧內功心法，就是高頻率使用的知識。

‧招式套路，就是低頻率使用的知識。

---

2. 用 python 開發的一套通用的進程管理程式。

這只是一種純主觀的分類，並非知識的固有屬性。

・當我的工作範疇發生變化時，原來的招式套路可能就會變作內功心法。

・我的招式套路，可能會是另一個人的內功心法。

知識就該主觀分類。因為知識本身沒有任何價值，只有為我所用才有價值。人是萬物的尺度，我亦是所有知識的尺度。

實戰經驗

我們運用知識進行決策的過程，抽象而言包括三步：Input → Process → Output。即輸入資訊、進行處理、輸出決策。俗稱 IPO。

內功心法和招式套路是 Process 的根基，雖然非常重要，但還不足以產生好的 Output。

・內功心法和招式套路都是理論。但凡理論，都有適用的場景，也有不適用的場景。理論上，理論和實際是一樣的；但實際上，理論和實際總是不一樣。空有好的理論還不夠，還需要在實戰中不斷地打磨、驗證、調整，也需要在實戰中持續地理解其適用範圍。

．如果沒有好的 Input，Process 再厲害也無用。正如電腦領域的黑話「Garbage in, garbage out」，輸入的是垃圾，輸出的也只能是垃圾。

如果只關注內功心法和招式套路，那一個人最好的結果也不過是變成一個不通世事的學究。學究雖皓首窮經，卻缺乏實戰，因而也就只能指點江山、激揚文字，恰若長平之趙括、街亭之馬謖。

實戰經驗，正是我記錄最多的一種筆記。實戰經驗又分兩類。第一類實戰經驗，叫情報。比如：

．做 flomo 的過程，我會記錄典型用戶的場景。

．做小報童的過程，我會記錄泛內容行業的特性。

這些情報，都是我未來決策過程中重要的 Input。如無這些 Input，那決策就是無根之木，甚至都不能叫決策，只能叫瞎猜。

比如下面這則筆記，就是我與朋友聊到「華為的虛擬股分紅機制」時，順手做的一些記錄——華為會根據員工的貢獻，為其配售一定份額的虛擬股票，員工憑此能夠參與公司分紅。有了這個情報，在考慮員工的長期回報機制時，我就有了一個重要的參考和學習對象。

2023/01/20

#實戰經驗／情報

華為的虛擬股分紅機制：

・員工可買入虛擬股權，有上限，不同員工上限不同。

・最近幾年，股息率差不多 1/7。

・離職時，按購買價贖回（有不同說法，待確認）。

—— Light

　　需要注意的是，不是任何情報都值得記錄，我還要預判情報與自己未來決策的相關性。也就是說，我會考慮我關注的「領域」[3] 是什麼，並據此蒐集對自己有用的情報，而不是看到什麼記什麼。

　　第二類實戰經驗，叫決策記錄，即如實、客觀地記錄每一次重大決策和結果。

　　一來，這可作為決策思考的演練，即對此刻 IPO 過程的描繪。比如，我們是否要寫《筆記的方法》這本書，就是一個重大決策，必須考慮非常多的因素，如：

　　・我們能否駕馭好這個話題？能否真的幫助到讀者？

　　・寫一本書的複雜度，和寫一篇文章的複雜度，不可同日而語。

---

3. 關於「領域」的詳細資訊，參見前文「案例一：以精進領域為導向的 I.A.P.R 法」。

我們做好準備了嗎？

　　·對應的時間成本會是多少？我們是否有足夠的空餘時間？

　　·還有哪些其他工作在推進？值得為寫這本書延後其他工作嗎？

　　·……

　　人腦的思考是混沌的、跳躍的、非結構化的，並不適合處理這種複雜決策；將決策過程寫下來，會更結構化、更清晰、更全景，也就更能夠反覆推演，以做出更嚴謹的決策。

　　二來，這可作為未來決策復盤的依據，即作為未來的 Input。白紙黑字的記錄，不會遺忘，也不容篡改。我能夠清晰地看到過去的決策思考過程，比如：

　　·不同階段對 flomo 產品定位的思考。

　　·對小報童的破局路線的不斷嘗試。

　　·對所投資股票（公司）的持續認知。

　　這些決策記錄，都是最珍貴的一手資料，幫助我持續優化自己的決策過程。這是一個貝葉斯學習[4]的過程，幫我在實戰中不斷校正認知。

　　·如果結果是差的，能夠知道錯在哪裡，往後如何改進。

---

4. 簡單來說，指一個人根據新的證據、數據等資訊不斷迭代認知的學習過程。

　　‧如果結果是好的，也能夠知道是真的做對了決策、往後如何繼續保持；還是決策其實不對，但瞎貓碰上了死老鼠、莫要得意（這種情況其實挺多）。

　　實戰經驗，務必要客觀記錄、盡量詳實，但只在必要時主動檢索，幾乎不被動回顧，且永不刪除。下面是一個例子。

2021/05/03

flomo 的定位和邊界：

‧ 不可能成為 Notion。產品架構有約束，市場競爭不允許。

‧ 核心定位還是卡片盒、收集器。

‧ 對應的關鍵體驗：

1. Input

　1.1 蒐集和記錄足夠方便，覆蓋盡量多的場景。

2.output

　2.1 被動

　　2.1.1 回顧：持續為用戶帶來價值感和新鮮感。

　2.2 主動

　　2.2.1 基於明確目的尋找：能找到，路徑短。

　　2.2.2 基於模糊目的探索：連結豐富，可選路徑（線索）多。

‧ 不為：

・半衰期短的內容（如 to do）。

・富文本編輯（如文檔）。

・需要用戶過多投入的連結建立（如雙向連結功能）。

——Light

　　這便是我的三類筆記——內功心法、招式套路和實戰經驗。這套筆記系統的核心設計目的，是支撐我的經營決策和投資決策。

小結

　　沒有一套知識管理流程能夠適宜所有人，切忌削足適履。

　　本文的最佳使用方式，也絕不是照抄這套筆記系統，而應該是：理解我是如何以終為始設計這套筆記系統，再從你自己的需求、場景和目標出發，設計你的知識管理流程。

好用的分類方法有什麼特徵

看完前面兩個案例，你得到了什麼啟發？雖然它們都不是大百科式的分類方法，但對我和 Light 來說卻足夠好用了。針對這類好用的分類方法，我們總結了兩個特徵。

特徵一：不是機械照搬的，而是相對主觀的

無論是我自己以精進領域為目標的 I.A.P.R 法，還是 Light 以輔助決策為目標的標籤分類法，遵循的更多都是主觀的內部視角，而非某些外部標準。

這讓我想起以前學畫畫的日子。那時候我們每個人都有自己的調色盤，但每個人的調色盤都不一樣──有的人按照色系分，把同一色系的顏色放在一起；有的人按照使用頻次分，把使用頻次高的顏色放在一起。其實，我們每個人的筆記都像是畫家的調色盤，即使外人看來五花八門、不明就裡，但是我們自己應該清

楚，自己是根據什麼樣的主觀視角去分類的。

　　舉個常見的讀書筆記的例子。之前我讀管理學大師彼得・杜拉克（Peter Drucker）的《成果管理》[1]一書，書裡有個問題令我醍醐灌頂：你到底是在解決問題，還是在尋找機會？這個問題給我的啟發是，成果的取得要靠挖掘更多機會，而不能僅靠解決眼前的問題。我把這個啟發記成了一則筆記。

　　按照常規做法，這則筆記很可能會被加上「＃讀書筆記」、「＃杜拉克」、「＃企業管理」等標籤。這固然沒錯，但我的做法是，給它加上了一個叫「＃好問題」的標籤。同一標籤下，可能還有一則巴菲特講「企業護城河是什麼」的筆記。

　　兩則看似風馬牛不相及的筆記，為何會被加上同一個奇怪的標籤？其實這跟我在刻意培養的一個習慣有關。過去，在相當長的產品經理職業生涯中，我都傾向於蒐集各種解決方案，認為這樣可以快速解決遇到的問題。但是創業後我才發現，最難的事情不是找到答案，而是提出好問題。意識到這件事之後，我開始刻意培養一個習慣：蒐集各種「好問題」。

　　你看出來了，「＃好問題」是一個相對主觀的標籤，估計沒有哪個客觀、嚴謹的分類體系裡會有這一類別。但也正是這個標籤下的筆記，經常在我思考產品或公司經營問題的時候，為我帶來不一樣的視角，提供思想上的增援。

1.〔美〕彼得・杜拉克：《成果管理》，朱雁斌譯，機械工業出版社，二〇〇六年出版。

比如「你到底是在解決問題，還是在尋找機會」，就好幾次把我從「不停解決 flomo 產品功能問題」的執念中捒出來，提醒我跳出來看看還有什麼新的機會——例如，相比過度糾結產品功能，寫一本書解答大家做筆記的普遍困惑，可能是個更好的機會，因為這樣做可以讓我們接觸到更多不同的人，接觸到正在讀這本書的你。

在我的標籤裡，「# 好問題」屬於其中一類，用來標記相對理性的內容。如果是相對感性的內容，我會怎麼加標籤呢？我們再來看個例子。

在我的 flomo 裡，有一首蘇軾的詞〈望江南〉。雖然多年前我就知道「詩酒趁年華」這一句，但某次遇到低谷，偶然看到整首詞，我才發現這句話給我帶來的觀感變了——不再是年輕時的意氣風發，而是中年後面對無可挽回的過去，繼續向前看的那種豁達，於是把它記在了筆記裡。

言歸正傳，如果請你為這則筆記加上標籤，你會怎麼加？是「# 蘇軾」、「# 宋詞」、「# 詩歌」，還是「# 古代」、「# 文學作品」、「# 詩詞賞析」？

我為它加的標籤很粗暴，叫「# 這世界 / 詩」。

跟〈望江南〉在同一標籤下的，可能是另外一首現代詩，或者外文詩。這些詩歌都是能讓我讀完之後，內心得到明顯療癒或激勵的作品。除了詩歌，「#這世界」標籤下還有「攝影」、「繪畫」，這些作品的「功效」和詩歌一樣。

你看，「#這世界／詩」也是一個非常主觀的標籤，和我們在語文課上學到的詩詞分類截然不同。但正因為這個標籤是我自己創建的，所以我會常常想起它，並且在需要的時候把它用起來，獲得情緒上的增援。

比如，每當遇到事業低谷或挫折時，我理性上雖然知道總能熬過去，總有解決辦法，但感性上卻難以得到安撫。這時候，「#這世界」標籤下的筆記，就是我情緒上的「安慰劑」。心情低落的時候，翻翻蘇軾的詩詞，會讓我的情緒得到強有力的增援——我常常想，和蘇軾的境遇相比，自己遇上的這點事根本不算什麼，我為何不能像他一樣，吟嘯且徐行？

　　或許在外人看來，無論是「＃好問題」，還是「＃這世界／詩」，既不「科學」，又「參差不齊」，但對我來說，這些標籤卻非常有利於提取，因為都是為增援未來的自己而做的準備，目的明確，需求頻繁。

　　當然，這並不是說任何標籤都要自己命名一番，我也有不少看上去「常規」的標籤。比如有一類叫「＃讀書」，用來標記我的讀書筆記；又比如有一類叫「＃閱讀人」，用來標記我欣賞的前輩分享的案例或視角。

　　對我來說，「＃讀書」、「＃閱讀人」這種標籤主要用來標記一些當前優先級不高，但未來可能用得到的資訊。因為它們比較穩定，就算我忘記了某個具體內容，比如某本書中的某個觀點，我依舊可以透過「＃讀書」這個標籤找到書名，然後提取想要的資訊。

　　無獨有偶，Light 也是這麼做的。他的標籤裡有一些看起來不那麼常規的命名，像是「#Inbox」、「#to do」、「＃待內化」、「＃可實踐」、「＃三省吾身」；也有一些人物、書名等常規命名，比如「#Who／投資家／巴菲特」、「＃書／微積分的力量」。

　　總的來說，好用的標籤或分類不是機械照搬的，而是相對主觀的；這裡的主觀並不要求你必須標新立異，而是方便你提取和使用就好。畢竟，創立標籤不是目的，為你所用才是目的。

特徵二：不是一次成形的，而是動態生長的

好用的分類方法的第二個特徵是，不是一次成形的，而是動態生長的。為什麼這麼說？我們看一個例子。

前文提到，二〇二一年，我受杭州某大廠邀請，去做一場以「交易平臺」為主題的培訓。培訓完成後，對方回饋不錯，後續還有好幾個其他部門邀請我去做了分享。而為了準備培訓內容，我只花了四個晚上的時間。

你可能會好奇這是怎麼做到的。「交易平臺」是一個很大的主題，只憑藉一個「＃交易平臺」標籤，就可以把那麼複雜的內容組織好嗎？其實在我的筆記裡，「＃交易平臺」這個大標籤下，還有很多細分主題，比如「＃定價」、「＃供給」、「＃交易」、「＃治理」等。

有了這些細分主題，我的演講大綱也就有了方向。並且由於每個細分主題下都有充足的理論資料、實戰案例，邀請方想重點聽哪個方向，我都可以去提取相應主題下的內容，靈活調整培訓重點，所以準備起來才會沒有壓力。

圖 2-8

這裡值得關注的是，上述看似規整、系統的標籤分類，並不是我一次性規劃好的，而是隨著時間慢慢生長出來的。

具體來說，剛開始接觸醫療交易平臺

的時候，我首先關注的是，怎麼能促成這個平臺上的「交易」發生，從而產生社會價值，繼而產生經濟價值。所以我最先創立的是「＃交易」這個標籤，記錄的也多是與交易相關的筆記。

沒過多久我發現，要促成醫療類交易的發生，既不能靠發優惠券，也不能靠買一贈一，因為醫療平臺上的「交易」很特殊，雙方交易的並不是我們通常理解的衣服、食品等實物，而是來自醫務工作者的諮詢建議。

這也意味著，我需要進一步去理解「買賣雙方」是怎麼想的，大家在平臺上交易的「價值單元」是什麼，以及透過什麼樣的「過濾器」進行匹配。就這樣，隨著理解的逐步深入，「＃交易」下面的子標籤自上而下生長了出來。

除了自上而下的生長，還有自下而上的生長。

比如，隨著時間推移，平臺上交易雙方的數量逐漸變多，「治理」問題出現了，有的醫師服務品質不好，也有用戶對醫師服務進行惡意評價。

剛開始，我的筆記裡只有一個叫做「＃規則」的標籤，主要記錄各種違規情況的懲罰方案。後來隨著業務深入，加上看的資料愈來愈多，我意識到光靠制定規則來懲罰不行，因為時間長了會造成各種抱怨，且平臺上的參與者也不知道自己該往什麼方向發展。

除了懲罰之外，還得樹立榜樣，所以我在筆記裡創立了「＃模範」這個標籤，定期記錄優秀案例並提供給平臺參與者，讓大家

知道平臺鼓勵什麼行為。再往後，我發現還可以利用補貼等市場
手段來進行補充，於是又創立了「＃市場」標籤，開始記錄如何
透過補貼手段促進成交等內容。

最終，「＃規則」、「＃模範」、「＃市場」這些標籤都被我放
在了一個叫「＃治理」的大標籤下。你看，隨著我對業務的理解
不斷深入，「＃治理」分類就這樣自下而上地生長了出來。

實際上，「交易平臺」案例只是一個縮影，我和 Light 的整個
筆記標籤分類體系，都是像這樣一點一點生長出來的。

小結

讀到這裡你可能覺得有點反常識。的確，過去提到標籤或分
類，我們總覺得應該借鑑某種客觀的分類體系，然後把筆記都分
門別類地放進去。就像在蓋圖書館之前，我們就應該知道分成多
少區域，在蓋醫院之前，我們就應該知道分成多少科室一樣。但
前面的案例告訴我們：

第一，不要機械照搬外部的分類，因為這並不符合你自己的
提取習慣——就像大多數人不會根據圖書館的分類方式來整理自
己的書架。所以大膽一些，根據你的主觀需求為筆記加標籤就好。

第二，不必試圖一次性規劃好標籤分類體系，而要允許它自
然生長出來。剛開始加上標籤的時候，或許你會覺得有點亂。但
是別擔心，你的標籤體系會隨著認知加深而逐漸生長出來。

　　換個角度看，在對某一事物還不夠瞭解時，我們如何能對其進行細緻的分類呢？這就像小朋友去水族館玩，看到所有水裡游的生物都會叫「魚」，而不會理解有些「魚」其實是哺乳動物。好消息是，只要你自己不停止成長，你的標籤體系就會慢慢浮現出來。

　　接下來我會分享一些建議，幫助你更好地為筆記分類。

建議一：
結合需求，先借鑑再改造

看過了用標籤做分類的實戰案例，以及好用的分類方法的特徵，或許你會問：我該怎麼開始給自己的筆記分類？如果由著自己的想法來分，感覺還是很混亂，怎麼辦？

如果有這個困擾，很可能是因為你缺少一個大的分類框架作為參考。別著急，雖說好用的標籤都很主觀，但面對分類框架這個比較抽象的問題，我們大多數人沒必要從零創造，而是可以從借鑑開始——一如大家眼中的許多原創作品，身上其實都有其他作品的影子，比如蘋果的產品設計有德國百靈（Braun）電器經典產品的身影；而印象派代表梵谷的作品也有不少浮世繪的身影。

所以，如果你想搭建自己的分類框架，第一個建議很簡單，就是「結合需求，先借鑑再改造」。

前文分享的兩個案例，不管是我的 I.A.P.R 法，還是 Light 的分類方法，提供的都是大的分類框架。接下來，我會分享一下，

我是如何借鑑知名效率專家提亞戈‧佛特的 PARA 法[1]，將其改造為 I.A.P.R 法的。

PARA 是項目（Project）、領域（Area）、資源（Resource）、歸檔（Archive）的簡稱。關於這套方法，你只需大致瞭解這四個大的分類，剩下的各種分類，都隸屬於這四大分類。

正式分享前我還有個小提醒，PARA 法只是一個例子，你大可以把它替換成自己想借鑑的其他方法——比如前文 Light 分享的方法等。我分享這個案例主要是希望大家大致知曉，借鑑其他方法時可能會遇到哪些問題，有哪些注意事項。

借鑑時，重要的是理解背後的邏輯

所有繪畫大師剛學習繪畫時，都是從臨摹開始；同樣，我們學習如何用標籤分類，也可以從臨摹、借鑑開始。

但如何選擇借鑑對象，是需要我們重點思考的問題——重要的不是去找名氣最大或者使用人數最多的方法，而是結合自己的需求去選擇。

如前文所說，我正在使用的 I.A.P.R 這套方法脫胎於提亞戈‧佛特的 PARA 法。其實在此之前，我還嘗試過許多不同類型的分

---

1. Tiago Forte, The PARA Method: The Simple System for Organizing Your Digital Life in Seconds, https://fortelabs.com/blog/para/ , February, 2023. Workflowy, PARA Method, https://workflowy.com/systems/para-method/ , April, 2023. Building a Second Brain（BASB）, https://www.buildingasecondbrain.com/para April, 2023 .

類方法，但結果並不太好，因為它們或是科學工作者的總結，更適合做科學研究的時候使用；或是聚焦於組織內的知識流動，更適合多人協作時使用，並不符合我的日常使用需求。

對我來說，大多數筆記都是記給自己看的，我希望能在未來用到它們，所以不會考慮多人協作；又因為我日常涉獵較廣，所以不希望有過於複雜的分類系統，以免日後難以管理。

多次嘗試之後，我發現了提亞戈・佛特的 PARA 法，它恰好符合我的需求──聚焦於個人知識管理，而非組織協作；不是按圖書館分類等邏輯去分塊，而是從內部視角出發，把筆記分為個人的領域、興趣、項目、歸檔四大部分──這足以涵蓋我記過的大多數筆記，因此讓我眼前一亮。

在準備借鑑的過程中，它又引發了我新一輪的思考：為何作者會從領域和興趣的角度區分筆記？在我的筆記裡，哪些算是領域？哪些算是興趣？比如我既是產品經理，又很喜歡研究產品，那麼一些對新產品的觀察和思考，應該放在哪個分類下？不瞞你說，如果照著抄一遍這套方法，我只需一個下午就能把過往筆記的標籤「改頭換面」，但上述問題卻讓我思考了許久──因為如果只知其然，而不知其所以然，那就不是借鑑，而是「複製」了。

所以我試著去理解 PARA 這套分類方法背後的邏輯──一方面，我們每個人高機率都需要擁有某個領域的知識，然後透過使用這些知識換取財富，這就意味著領域類知識不但重要，而且存取頻繁；另一方面，每個人還會有許多興趣，但這些興趣未必能

直接轉化為財富，所以存取頻率通常就沒那麼高。

更重要的是，「領域」和「興趣」這種分類視角，能讓我們對到底該記什麼筆記進行思考：是花更多精力記錄自己賴以生存的領域類知識？還是興趣類知識？兩者之間如何平衡？

理解了分類背後的邏輯之後，我有了兩方面的變化：

一方面，我更清晰地知道該如何給自己的筆記加上標籤。比如對於工作中用得上的筆記，我會加上「#領域」標籤；對於一些純粹興趣向的筆記，我會加上「#興趣」標籤；對於正在進行的工作項目記錄，我會加上「#項目」標籤。

另一方面，我對於應該學習和記錄哪些內容，有了不一樣的思考。比如，我雖然很熱愛動畫，但自從畢業以來都是靠產品經理的相關知識謀生，並且在可預見的未來也不太可能成為動畫導演，那麼關於產品經理這個領域的知識獲取，我就應該投入更多精力；而動畫相關的知識則要退而求其次，等我有空閒的時候再去學習。

你看，如果沒有深掘分類方法背後的邏輯，只是照貓畫虎，短期看來我能和提亞戈‧佛特做得一模一樣。但長期看來，這並不能解決根本問題，我依舊會面臨不知道如何給自己的筆記加上標籤的困境。

所以，如果你想要參考一套分類體系，先不要著急複製，也不要試圖和別人做得一模一樣，而要先思考作者背後的邏輯是什麼，這樣做有利於幫你打下扎實的基礎，基於自身情況進行改造。

改造時，從實際需求出發

當我思考清楚自己的領域和興趣，並且建立好項目之後，這套分類方法很快就發揮了作用——不但讓我知道了該如何給日常記錄的筆記加上標籤，還讓我重新審視了該獲取什麼資訊，哪些東西值得記錄等問題。

但我很快又遇到一個新問題。由於提亞戈・佛特本身是一位效率專家，所以 PARA 這套方法非常嚴謹，比如項目、領域、興趣、歸檔都有嚴格的定義。不僅如此，這幾大分類之間的關聯程度還非常高，比如他建議每個項目都要和領域有所關聯，這樣一個人就能看到自己正在透過某個項目在哪個領域裡精進。

誠然，作為一套理論，清晰、嚴謹無可厚非。但我這樣的普通人，卻很難做到在短時間內分得如此清楚。比如，很多時候我都是在做其他事情的間隙，隨手記一則筆記，如果專門停下來想這則筆記屬什麼分類、該加什麼標籤，甚至思考要重建一個什麼樣的領域或項目，就會打斷手頭在做的事情，往往得不償失；而如果只是隨便丟進去，又會讓這套分類方法失效。怎麼辦？

為了解決這個問題，我在 PARA 這套方法的基礎上做了一個小小的改造——增加收件箱（Inbox）這一分類，作為筆記的快取（暫存位置）。這樣一來，有任何突然出現的靈感或者暫時沒消化好的內容，我都可以把它們放在收件箱裡，找時間再集中整理。有了收件箱，我做筆記的壓力小了許多，反而有利於捕捉更多有

趣的思考。

　　除了「收件箱」，我在借鑑 PARA 法的時候，還在其他細節上做了改造。比如「項目」這個分類，我就根據自己的需求做了「不必記什麼」的改造。

　　有段時間我試圖按照 PARA 法把所有正在參與的項目都記在筆記裡，後來卻發現，這樣記過於瑣碎。比如，定期健身雖然是一個項目，能幫助我在「健康」領域精進，但實際上對我來說，這件事能按時完成就好，我沒有太多要精進的預期，所以透過簡單的日曆產品督促自己就好，沒必要記在筆記裡增加複雜度。

　　又比如，有些需要和他人協作的項目，關鍵資訊必須和他人同步，這就導致我每次做筆記時，既要在個人筆記裡記一份，又要在公司內部的協作軟體裡記一份，變成了重複勞動。所以後來，我不再在個人筆記裡記錄項目的所有細節，而只記錄自己的思考、決策和結果，用來沉澱有價值的經驗。

　　由於做了上述調整，我對「歸檔」這個分類的需求就不大了。因為一方面，許多瑣碎、短期的記錄，都被我放到了其他工具中，在那邊自然會有歸檔；另一方面，剩下的筆記多是以我的思考和決策為主，我如果能定期翻看，反而會有更多啟發。

　　就這樣，我不斷結合自己的需求對 PARA 法進行改造，慢慢探索出了屬於我自己的 I.A.P.R 法，也就是你在前文案例中看到的那套方法——並且隨著時間的流逝，新的可能還在不斷孕育。比如我的筆記系統裡又有了上一篇文章提到的「＃這世界／詩」這

一標籤，它獨立於 I.A.P.R 分類之外，用來標記一些撫慰人心的詞句。

盡信書不如無書，與其教條式地堅守原教旨主義，不如結合自己的需求進行改造。改造不僅能讓我們深入瞭解他人方法背後的邏輯，而且能幫我們剖析和認識自身需求——這就像嫁接植物，你必須對兩種植物都非常熟悉，才能使其成長為一株健康的植株。

小結

Light 曾經以日本劍道的三個階段「守、破、離」來比喻我們學習「如何分類」的過程：

‧透過「守」階段，讓自己理解對方分類背後的邏輯。

‧透過「破」階段，讓借鑑的框架為自己所用，開始探索屬於自己的方法。

‧透過「離」階段，讓自己反客為主，收放自如地使用並發展自己的方法。

我和 Light 都已經進行到第三個階段，即圍繞自身需求發展屬於自己的分類方式。這並不是說我們的方法更好或水準更高，而是說我們各自的方法都更適合自己提取筆記、應用筆記。每個人都是獨一無二的，我們希望你可以透過類似的路徑，一步一步

探索出適合自己、屬於自己的分類方式。

建議二：
標籤愈來愈亂？兩步驟維護知識網路

前文建議，搭建大的分類框架時，我們可以先借鑑後改造。有了大框架，我們為筆記加上標籤時就有了一個支架。

但隨著筆記愈記愈多，標籤愈加愈多，或許你會陷入另一個常見的困境：感覺標籤愈來愈「亂」，以至於很難提取和應用記過的筆記。怎麼辦？

許多人遇到這種情況會選擇換個筆記工具推倒重來。但這樣治標不治本。實際上，這或許不是工具的問題，也不是大家做錯了什麼，而是標籤或分類在自然生長過程中發生的正常現象。

關於這一點，魯曼很早就意識到了，他反覆強調：我們通常所做的創立分類工作，是一個自上而下的過程——從結構開始，然後把各種記錄逐步歸檔。但是，我們的大腦不總會按照「分類」工作，而是隨著知識的增長，自下而上生長出知識網路。這也意味著，學習過程必然存在很多無法預知的變化，這就需要我們接

受一些「混亂」，容納一些「不確定」。

那我們是不是只需要不停做筆記、加標籤，就能坐享其成，擁有屬自己的知識網路呢？事實並非如此。雖然建立知識網路的過程像是培養植物，但我們依舊要悉心照料，做好定期修剪，否則這個網路就會野草橫生，最終變得無法使用。

為解決這個問題，我們總結了兩個步驟，希望能幫你梳理標籤分類，維護知識網路。

第一步，製作說明書，設置緩衝區

標籤混亂最常見的一種表現是有許多「重複」標籤。比如「# 人力資源」和「# 人力資源管理」，「# 旅行」和「# 旅遊」，「# 啟發」和「# 啟示」等。出現這種情況，多半是因為我們每次加上標籤時都按自己當下的想法去加，而不是遵循一個相對固定的規則。這樣做短期內影響不大，如果長期如此，你的筆記分類就會變得繁複而臃腫，不僅無益反而有害。

如何解決這個問題？你可以試試以下兩個好用的方法。

第一個方法，是製作「標籤說明書」。這個方法來自 flomo 用戶的啟發。比如用戶「哈哈哈哈」會專門寫一則叫做「標籤說明」的筆記，就像下面這樣，寫明自己會用哪幾種標籤，如何命名，每個標籤負責標記哪類資訊。

這樣做的好處在於，有了標籤說明，你就和未來的自己達成

了「共識」，每次加標籤就有了憑藉。當然，「標籤說明」不是一成不變的，而是動態成長的。這就需要你定期維護——刪掉不太用的，添加新創立的，允許它隨著你認知的進化而不斷迭代。

2023/07/19   ○

flomo 資訊源規則：

內在冒出的想法 # 靈光乍現

外在令我有啟發、想行動的輸入 # 靈感蒐集

看見便能鼓舞、激勵我的內容 # 內心力量支持

有觸動的文字 # 詞句表達牆

對自己的新認識 # 我的又見

發現的可能有用的、好用的工具 # 武器工具盒

感興趣的新知識，但還沒有很瞭解 # 這個是什麼

一個新視角或思考角度的改變 # 哇哈

被「種草」但還沒開始讀的書籍 # 待讀書單

——哈哈哈哈

第二個方法，是設置「緩衝區」。

我們日常做筆記的時候，未必能把每則筆記都快速歸納到某個分類裡，隨手加個標籤吧，擔心為混亂埋下隱患；不加上標籤吧，又怕將來找不到。在加和不加之間，我們其實還有一種選擇，那就是設置一類「緩衝區」標籤。

所謂緩衝區標籤，就是一個臨時筆記的標誌。有了它，你記筆記時就可以不用立即加一個「完美」標籤，而是先寫下想記的內容，等有時間再回過頭來分類。這就像家裡面的雜物箱，可以用來臨時存放一些不知道怎麼收納的物品。

比如在我的筆記系統裡，「#Inbox」（收件箱）這個分類就是充當緩衝區的。有了收件箱，我就可以把想記的內容先記下來，等有時間再根據自己的理解去思考、分類、整理。一般來說，我會每天整理一次，實在整理不完的放在週末解決。而超過一個月還留在「#Inbox」標籤下的筆記會被我清理掉——這麼長時間不去看，說明它們並不重要。

製作「標籤說明書」和設置「緩衝區」並沒有先後關係，你可以根據自己的需要選擇使用——別忘了我們的目的，只要能避免近似的標籤像野草一樣蔓延，就足夠了。

第二步，定期梳理，維護網路

完成第一步，你就已經和未來的自己做好了約定，為知識網絡的建立打下了一個好基礎。接下來，如果想讓記過的筆記發揮指數級的「網路效應」，你還需要做第二步，叫做「定期梳理，維護網路」。具體怎麼做呢？以下三個動作供你參考。

第一個動作，刪除或合併舊標籤。任何植物都有「凋零」機制，這樣才能確保植物整體的健康和持續的生長。知識網路也

是如此。具體來說，筆記分類並非愈多愈好，而是需要定期「剪枝」。

比如，隨著我的工作範圍發生變化，從網際網路醫療轉向思維工具的開發，許多醫療領域的知識可能再也用不到了，我就可以把相關分類整個刪除。再比如，有段時間我研究 AI 產品，試圖給每個產品都建立一個標籤，但後來覺得沒必要，因為這個領域尚處發展早期，這麼細顆粒度的標籤反而容易讓我陷入局部細節，看不到 AI 產品整體的進化方向，於是我就把它們都刪掉，合併成更簡單的「#AI」標籤。

這樣的定期刪減和合併，能幫我們有效控制知識網路的規模及發展方向。

第二個動作，添加新標籤。我們說分類會自然生長，主要有兩種方式：一種是標籤本身進一步細化，就像是樹枝分叉一樣，長出新枝；另一種則是我們為同一則筆記添加不同類型的標籤。

先來說標籤本身的細化。舉個例子。我剛進入網路醫療領域的時候，有一陣子政策發布頻繁，我知道這類資訊對我所在的平臺很重要，於是新增了一個「#政策研究」標籤；後來業務發展，需要醫師線上開具電子處方，我的相關筆記多了起來，於是又新增了「#電子處方」標籤，「#網路醫院」標籤等。就這樣，一個個標籤不斷新增，我對網際網路醫療領域的政策認識也愈來愈完善。

除了標籤本身的細化，添加新標籤的另一種方式是，為同一

則筆記添加不同類型的標籤。舉個簡單的例子。初入職場時，我讀過管理大師杜拉克的許多著作，也記過不少筆記。但由於當時認知比較淺，我只為其加上了「＃組織管理」這個標籤。後來，我從雇員變成管理者，又從管理者變成創業者，遇到的組織管理問題逐漸增多，於是又想起杜拉克。多年後重讀杜拉克，我發現他並非只是在講組織管理——小到如何管理好自己的時間，大到如何給業務找到新的戰略機會，他都有詳細的論述。

從這個視角出發再看之前的筆記，我為其加上了更多類型的標籤，比如「＃時間管理」、「＃決策原則」、「＃成果管理」等。這種為一則筆記加多個標籤的過程，一方面可以讓我對所記的內容的理解更深，另一方面也增加了提取筆記的線索，讓未來的自己有機會在更多場景下，透過更豐富的路徑找到記過的筆記。

第三個動作，尋找標籤之間的聯繫。

除了刪除或合併舊標籤、添加新標籤之外，你還需要做第三個動作——尋找標籤之間的聯繫，連點成線。這個過程不是一蹴而就的，而是慢慢推進的。

比如我有一個很特別的標籤叫「＃自我」，這個標籤下有一系列子集，分別是「＃憤怒」、「＃焦慮」、「＃恐懼」、「＃耐心」、「＃討好」、「＃幸福」、「＃欲望」、「＃自尊」等。看起來滿滿的雞湯味，但其

自我

#憤怒
#焦慮
#恐懼
#耐心
#討好
#幸福
#欲望
#自尊

圖 2-9

實裡面記錄的不是格言金句，而是我對「自我」這一話題的思考。比如「＃幸福」這個分類下，就是我關於何謂自己認可的「幸福」所做的一系列思考。

你可能覺得這組標籤看起來很清晰，每個子集都跟「＃自我」這個核心節點連結在一起，但其實剛開始時並非如此。

起初，我的筆記標籤裡沒有這些子集，只有散落在「#Life log」（生活日誌）標籤下的一則則筆記。曾經有段時間，我發現自己總被各種情緒困擾，比如因為一點產品上的小問題就大發雷霆，或者總是焦慮下個季度的目標完成不了，夜不能寐。所以，我開始嘗試正念書寫——每次情緒波動，就把具體事情和感受寫下來，放在「#Life log」標籤下。

隨著這類筆記愈來愈多，往回翻看的時候，我發現了許多可以歸為一類的情緒。比如二〇二〇年末，我想辭職創業，但同時清楚地知道，自己人過中年，肩上責任更大，不能意氣用事，所以一想到創業，經常產生各種恐懼，像是創業失敗怎麼辦，沒有現金流怎麼辦等等。我把這些問題都記了下來，還記了很多可能的解決辦法。回頭整理的時候，我發現這些記錄都和「恐懼」有關，可以歸為一類，這才連點成線，為它們加上了「＃恐懼」標籤。

除了恐懼，其他子集也都是我對自身情緒深入「審查」後，逐個明確下來的。這些子集起初都散落在「#Life log」這個大標籤下，直到某次整理筆記我才發現，它們都跟同一個議題相關，那

就是「自我」——我透過覺察並記錄自己的感受、情緒、欲望去探索自我、認識自我。意識到這一點，我再次連點成線，把它們從「#Life log」標籤裡拎出來，單獨創立了一個叫「#自我」的標籤，不僅降低了筆記分類的複雜度，而且明確了一個重要的人生議題。

所以你看，當你記錄得足夠多時，許多看似無關的分類就有可能串聯起來，逐步生長為一個有利於你提取的知識網路。在這個過程中你需要做的，是對其生長有所覺察並定期梳理它。

小結

我記得有位用戶曾經這樣分享自己整理標籤的感受——他半開玩笑地說：「我的標籤簡直沒有整理好的那一天。」在我們看來，這未嘗不是一件好事，因為它說明做筆記的人在不斷進化。

因此，我們沒必要把加標籤、整理標籤當成巨大的壓力，而要將其當作發現自己、精進自己的好機會。試試像培養植物那樣，定期投入一些精力，然後等待時間的回報。

透過回顧持續刺激

為什麼要透過回顧持續刺激

前面我們講了兩種對資訊進行預處理的方法，分別是「用自己的話做筆記」和「用標籤為筆記分類」。接下來，我們來看第三種預處理方法：透過回顧持續刺激。簡單來說，這種方法要求我們不斷回看過去的筆記，讓大腦持續接受過去所做筆記的刺激。

大多數人容易忽略這個方法，原因很簡單，因為這樣做帶來的回饋並不那麼直觀，不如獲取更多、更新的知識更容易帶來數量上的滿足感和安全感。

舉個例子。曾經有一段時間，我沉迷於蒐集各種「思維模型」，覺得蒐集得愈多，自己解決問題的能力就愈強。所以，不管是從書上讀到，還是從他人那裡聽說什麼思維模型，我都會認真記下來，比如艾森豪矩陣（也稱為時間管理四象限或時間管理矩陣）、貝氏統計推論、六頂思考帽、奧卡姆剃刀原理、費米估算（也稱為費米推論）等等——是不是看名字就覺得很「高

大上」？

當時記下來之後，我感覺自己「聰明」了不少，把筆記分享給同事或朋友也能得到不少正向回饋。這促使我繼續樂此不疲地蒐集和記錄新的思維模型。但現實很快潑來一盆冷水。某次和朋友聊天，聽他提到某個思維模型的用法，我感覺很新奇，讓他多講講，他困惑地說：「我是從你分享的筆記裡看到的啊，你沒印象了嗎？」

那一刻，你不知道空氣突然變得多安靜……

其實這種尷尬遲早會發生，因為那個階段的我鮮少回顧過往的筆記，而是不斷試圖透過記錄更多、更新的知識抵消內心的焦慮或滿足虛榮心。殊不知，知識並不是商品，記下來並不等於「擁有」了它。如果只是拚命追新求多，卻忽略了透過回顧來加強記憶、不斷內化，看似效率很高，實則是在做無用功——因為在面對實際問題時，我根本想不起來那些筆記。

所以，透過回顧持續刺激，是對筆記進行預處理的重要方法。它可以幫我們做好兩重準備：第一，對抗遺忘曲線；第二，推動知識內化。而如果不做這種預處理，那麼記過的筆記就很難達到隨時可被調用的狀態，就像我之前那樣空忙一場。

對抗遺忘曲線，幫你想起曾經的筆記

我們總是高估自己的大腦能夠記住的資訊數量。現在做個實

驗：想想你上個月記過的筆記，有哪些內容讓你印象深刻？上一本讀過的書呢？

早在十九世紀八〇年代，心理學家赫爾曼・艾賓浩斯（Hermann Ebbinghaus）就已經證明了人類有多「健忘」。他選用了一些沒有意義的字母組合，比如「asww」、「cfhhj」、「ijikmb」，讓參與測試的人去記憶。結果發現，測試者學習完畢二十分鐘後的記憶量是 58%，42% 被遺忘；一小時後的記憶量是 44%，56% 被遺忘；一天後的記憶量是 26%，74% 被遺忘；一週後的記憶量是 23%，77% 被遺忘；一個月後的記憶量是 21%，79% 被遺忘。[1]

雖然我們的筆記不是毫無意義的字母組合，但實際效果也未必好到哪裡去——不信的話，你現在不看目錄和筆記，回想一下，這本書講過哪些應用案例？歲月是最大的小偷。如果不去回顧，那麼你之前對筆記做過的各種預處理，都將會在時間的縫隙中分崩離析。反之，如果能經常回顧過往的筆記，讓大腦接受持續刺激，記住更多內容，未來如果遇到問題時，你提取筆記會更加容易。

舉個例子。我記過不少關於時間管理的筆記。那些筆記看似清晰，並且給出了明確的解決方案，我也在嘗試踐行。但一遇到

---

1. 維基百科：遺忘曲線，https://zh.wikipedia.org/wiki/%E9%81%97%E5%BF%98%E6%9B%B2%E7%BA%BF，二〇二三年八月四日訪問。

緊急情況，我依然會被打亂節奏，陷入忙不過來的狀態。

　　某日隨機回顧過往的讀書筆記時，我再次看到了自己讀杜拉克《卓有成效的管理者》[2]時記錄的關於時間管理的描述。其中第一段話就讓我十分汗顏。筆記上明明寫的是不要立即開始工作，我卻因為事情多就著急，沒有事先思考就開始埋頭「搬磚」。這樣匆忙地投入工作看似節省時間，實際上卻會讓自己疲憊不堪，甚至把時間浪費在了不重要的事情上，效率反而更低——你看，就算是用自己的話記的筆記，我也依舊需要透過持續回顧來對抗遺忘。

2023/05/04　　　　　　　　　　　　　　　　　○

#Books／卓有成效的管理者／時間

有效管理並不意味著看到工作就一頭鑽進去，立即開始工作，而是要關注時間安排，善用有限的時間。記錄時間、管理時間、統一安排時間。

知識工作者要想取得成果和績效，就必須著眼於整個組織的成果和績效，把目光從自己的工作轉到成果上，由內部世界轉到外部世界。另外，人事決策會比較消耗時間，對此要有預期和準備。

2.〔美〕彼得‧杜拉克：《卓有成效的管理者》，許是祥譯，機械工業出版社，二○一九年出版。

自我診斷與行動：

‧記錄時間，知道把時間用在了哪裡。

‧找出非生產性時間和浪費時間的活動，問三個問題：

‧什麼事情不必做，做了也是浪費時間？

‧哪些事情可以由別人代勞而不影響成果？

‧作為管理者，我是否在浪費他人時間？

‧找出由於管理不善或機構缺陷而浪費時間的因素：

‧缺乏制度或遠見會造成時間浪費（如之前的退款問題、審核問題等）。

‧人員過多會造成時間浪費。

‧組織不健全會造成時間浪費，主要表現為會議過多（會議是組織缺陷的補救措施）。

‧資訊功能不健全會造成時間浪費。

——少楠

　　幸好有那次回顧，它讓我看到曾經記錄的筆記，再次提醒我不要著急做事，而要先規劃時間；要始終關注成果，而非追求完成事件的數量。除此之外，我忙亂、焦慮的心態也得到了安撫，還單獨抽出時間審視哪些事情是浪費時間的，並決定努力消除它們。

你看，有些筆記留在腦海中的印象並沒有我們想像中那麼深刻。只有經常回顧，我們才能加強對關鍵資訊的記憶。

推動知識內化，讓記過的知識屬於你

　　前文說到，回顧筆記可以幫我們對抗遺忘，為應用筆記做好第一重準備。其實除此之外，它還能幫我們推動知識的內化，為應用筆記做好第二重準備。

　　所謂內化，指的是把外部知識轉化為內部知識，讓記錄的知識真正屬於你。因此，它強調的不是表面上的記憶，而是你對知識的消化吸收和深度理解，以及熟練的應用。正如《學生為什麼不喜歡上學？：認知心理學家解開大腦學習的運作結構，原來大腦喜歡這樣學》[3]的作者丹尼爾・威靈漢（Daniel T. Willingham）教授所說：「記憶是思考的殘留物。」這意味著你對某件事情想得愈多，你以後就愈有可能記住它。相應地，回顧筆記的價值也並非讓我們像背誦課文一樣「記住什麼」，而是透過回看記過的筆記，激發大腦啟動更深入的「思考」，推動我們完成知識的內化。

　　你可能覺得知識內化這件事比較抽象，整個過程看不見也摸

3.〔美〕丹尼爾・威靈漢：《學生為什麼不喜歡上學？：認知心理學家解開大腦學習的運作結構，原來大腦喜歡這樣學》，謝儀霏譯，久石文化，二〇一八年出版。

不著。好消息是，回顧筆記可以讓知識內化這個過程變得相對可見。你會看到以下三種變化：

第一，去肥增瘦，知識結構不斷優化

知識結構就像身體，你不能指望只透過吃東西變得健康，還需要透過鍛鍊去除多餘的脂肪，增加肌肉的力量。而回顧筆記就相當於一種「鍛鍊」，可以讓我們有機會減少「虛胖類」知識的數量，增強對「肌肉類」知識的理解。

讓我們繼續本文開頭的故事。當我意識到自己蒐集了那麼多思維模型卻根本沒掌握時，我便在內心暗暗告誡自己「要好好回顧」。但怎麼樣才能「好好回顧」呢？畢竟陌生的內容愈來愈多，而我的回顧時間又並不充裕。

所以，當時我做了兩個決定：一方面，停止記錄更多思維模型，控制輸入，避免囤積到無法消化的地步；另一方面，集中時間回顧過去的記錄，把那些看完一遍也沒能很快理解的思維模型——諸如 Zwicky box、Cynefin 框架，都直接刪除。雖然也會擔心「未來或許用得上」，但現有的思維模型都還沒吃透，幹麼「吃著碗裡的，瞧著鍋裡的」呢？

完成上述兩個步驟後，我發現筆記裡臃腫的思維模型大大減少，體驗到了如同合理飲食和運動後的身體舒適感。更重要的是，回顧的範圍縮小後，我可以更清晰地知道該從哪裡開始回

顧，也能夠將之前匆忙記錄的內容用自己的語言進行整理，並增加更多實際應用的例子。

比如在回顧「二階思維」[4]這個思維模型時，我就補充了一個具體案例幫助自己理解。

2021/03/21   ○

#Area / 思維方式 / 二階思維

霍華德・馬克斯在《投資最重要的事》中解釋了「二階思維」的概念：

一階思維是快速而簡單的。它出現在一個人只想著「解決」眼前問題，而不考慮後果的時候。比如「我餓了，所以來吃塊巧克力吧」。

二階思維是更深思熟慮的。它要求人們從互動和時間的角度思考，明白什麼行為會造成什麼後果。二階思維者會問自己一個問題：「然後呢？」這意味著，在餓了想吃巧克力的時候，你要考慮到吃巧克力的後果，並以此為依據做出決定。如果這樣做的話，你就更有可能吃到更健康的食物。

---

4. 對應一階思維。一階思維指只考慮直接結果，不考慮後續結果；而二階思維指努力預估未來，推斷出可能產生的一系列後果，以便做出決策或制訂解決方案。

補充案例：

比如，患者總是來找客服問自己買的藥到哪裡了，希望增加「催單」按鈕，這時我們是增加一個「催單」按鈕，還是提高一下藥品倉庫的發貨效率呢？很多產品經理由於對整個業務鏈條不熟悉，對業務的理解只局限於「用戶交互」層面，因此很容易直接按患者所說增加按鈕。

但是，直接解決用戶提出的問題或直接滿足用戶提出的需求，絕大多數時候都會讓我們陷入「一階思維」誤區。

——少楠

之前做線上問診時，總有患者來找客服問自己買的藥到哪裡了，希望加個「催單」按鈕。有的產品經理立即提議增加一個，這就是一階思維。根據我的觀察，問題本身出在供應鏈上，就算加了按鈕，如果藥品還是需要三、五天才能快遞到患者手中，依舊不能解決問題。用二階思維來看，導致用戶收貨慢的真正原因是快遞速度慢，而快遞速度慢的根源則在於倉庫位置不合適。

基於上述邏輯，平臺後續和供應商協商開啟華中倉，基本解決了這個問題，「催單」按鈕也很少有人提及了。

你看，這樣的回顧就像思維鍛鍊，不但去除了筆記系統裡多餘的「脂肪」，還促使其長出了有力的「肌肉」，讓我對某些思維模型的印象更深，應用起來也更加得心應手。

比如，後來做 flomo 時，用戶提出希望增加類似「待辦清單」這樣的功能。我很自然地想起了二階思維，想起當時如何處理用戶的催單需求。於是我很快得出推論——如果增加這一功能，短期來看似乎能滿足用戶需求，但長期來看，這類記錄的生命週期很短，如果筆記中都是這樣的臨時性內容，那麼回顧的價值也會變低，最終導致 flomo 本身的價值變低。所以，我們不考慮做這類功能。

第二，發展新知，知識連結不斷增加

除了「去肥增瘦」，回顧筆記還可以讓我們看到知識內化的另一個變化，那就是「發展新知，知識連結不斷增加」。

比如，我曾在 flomo 中記錄了一些關於知識管理的筆記，放在「# 知識管理」這個標籤下。某次回顧時，其中一則關於知識特徵的筆記（下頁左側），讓我想起了另外一則讀書筆記——從投資的視角看待知識管理（下頁右側）。於是，我為那則關於知識管理的筆記增加了「# 投資」標籤，同時也為那則讀書筆記增加了「# 知識管理」和「# 投資」兩個標籤。這樣，在我的認知裡，知識管理和投資這兩件事就從「如何獲得更好的回報」這一角度被連結在一起。

2021/05/30

#Area / 知識管理

#投資

什麼是知識？

知識有什麼特徵？

知識是用於生產的信息（有意義的信息）。

——世界銀行《1998/99年世界發展報告：知識與發展》

知識的特徵：

1. 可以反覆利用，並且回報越來越多（比如掌握了逆向思維，可以在很多情況下使用，並且決策越大，回報越高）。

2. 散亂、容易遺漏、需要更新（知識有半衰期，比如當年自己學的平面設計，現在看來就不太重要了）。

3. 價值不確定（不知道

2021/04/04

知識上的投資總能得到最好的回報。

Andrew Hunt 建議，要像管理金融組合一樣管理知識組合：

1. 定期投資——養成堅持學習的習慣。

2. 長期投資，多元化是關鍵——不能只專注於眼下用到的知識，還要關注上下遊知識，比如做設計也需要懂一些技術，增強自己的競爭力。

3. 管理風險——不要把雞蛋放在一個籃子裡，比如產品經理不能只學習如何畫設計圖，還要懂用戶研究，甚至心理學。

4. 低買高賣——在一項新興技術變得流行之前就開始學習，比如在 iphone 剛發布的時候就學如何設計移動端 APP，比學平面設計更有價值。

5. 周期性評估調整——定期

哪些知識將來用得到，比如要不要投入精力研究 web3[5]）。 　　　　　——少楠	評估哪些知識值得投入學習，反之，也要評估停止哪些知識的攝入，避免分散精力。 ——《程序員修煉之道》by #Andrew Hunt #Area / 知識管理　#投資 　　　　　——少楠

　　有了投資的視角後，我對著筆記進一步思考，更多知識的連結出現了。比如第一則筆記（下頁左側）裡提到，知識有類似於複利的特徵，這讓我想起我之前還記過一則關於「複利迷思」的筆記（下頁右側），於是就把它們連起來看。這樣一來，兩則原本分類不同、看似無關的筆記，就透過「複利」這個點建立起了連結。

---

5. 也被稱為 web 3.0，是關於全球資訊網發展的一個概念，主要與基於區塊鏈的去中心化、加密貨幣以及非同質化代幣有關。

2021/04/04

知識上的投資總能得到最好的回報。

Andrew Hunt 建議，要像管理金融組合一樣管理知識組合：

1. 定期投資——養成堅持學習的習慣。

2. 長期投資，多元化是關鍵——不能只專注於眼下用到的知識，還要關注上下游知識，比如做設計也需要懂一些技術，增強自己的競爭力。

3. 管理風險——不要把雞蛋放在一個籃子裡，比如產品經理不能只學習如何畫設計圖，還要懂用戶研究，甚至心理學。

4. 低買高賣——在一項新興技術變得流行之前就

2020/11/26

理解複利，關鍵在於兩點：

1. 知道為什麼會有複利，比如某些資產憑什麼每年都能增長 10%。

2. 理解「自動的複利比手動來回切換的複利更重要」。比如，一個職場人找到好的行業不斷積累，就是在積累自動複利，而頻繁跳槽、切換領域，則是在積累手動複利。前者比後者更重要。

補充一些關於複利的常見誤解：

1. 複利的積累不是以天為單位，而是以期數為單位。每天進步 1% 的前提，是把每天作為一期。但許多人的迭代速度，並不是以天為單位，因此期數沒有想像中那麼多。

2. 複利效果依賴於本金多少，如果本金過少，即使翻了倍，複利也不多。比如十年前投入

開始學習，比如在iphone剛發布的時候就學如何設計移動端App，比學平面設計更有價值。

5. 週期性評估調整——定期評估哪些知識值得投入學習，反之，也要評估停止哪些知識的攝入，避免分散精力。

——《程序員修練之道》by `# Andrew Hunt`

`# Area/ 知識管理`

`# 投資`

——少楠

一百塊，那麼到今天就算複利再高，整體也沒多少。

3. 許多時候投資的收益率沒有想像中那麼高，關鍵在於堅持。年收益 15% 是巴菲特級別的「股神」才有的戰績。

https://mp.weixin.qq.com/s/2ghHAm QRmyuwwxlA1bdkdg

`# 朋友 / 孟岩`

`# 投資 / 複利`

——少楠

這還沒完，在回顧筆記的過程中，其中一句話更是引起了我的思考：「自動的複利比手動來回切換的複利更重要。」

這讓我想起自己第一次創業，簡直是腳踩西瓜皮，滑到哪裡算哪裡——從圖像美化工具領域切換到社交領域，再從社交領域切換到美食團購領域，最後居然開起了外賣店。雖然每天恨不得工作十二個小時，不停學習新知識，但這樣不斷切換方向，導致我對每個領域的認知都很淺，因此無法獲得持續不斷的自動複利。

這樣的思考再次提醒我，以後要定期評估有哪些不再需要關注的領域，集中精力去學習更重要的東西。

你看，回顧筆記的過程，其實也是一個知識更新和思維發展的過程。透過回顧，我們可以發現許多新的知識連結，從而讓自己對所記知識的理解更進一步，應用起來也更自如。

這裡要特別說一點，許多人提到筆記之間的「連結」，立刻就要問：你是透過什麼軟體的什麼功能做到的？雖然一些筆記工具會提供「雙鏈」、「網路連結圖」等功能，但其實你可以透過最樸素的方式，實現筆記之間的連結，比如手動貼上某則筆記的超鏈接，多加上幾個標籤，甚至複製黏貼過來一些內容。重要的不是外在形式上的連結，而是你透過思考，在大腦中建立了什麼連結。

第三，影響現實，把筆記裡的知識用起來

除了「去肥增瘦」和發展新知，回顧筆記還可以推動第三個關鍵變化，那就是從文字記錄到影響現實，真正解決實際問題。

比如，我會把自己希望記住的行動原則在筆記軟體裡置頂，這樣做的好處是，我會高頻率回顧到這則筆記並據此行動，用實際行動解決具體問題。下面這則就是我的置頂筆記。其中的第三點「不要陷入自我犧牲的惡性循環狀態，想做什麼就去做好了」，其實是我在反思親密關係時收穫的一項重要原則。

022/05/08 ◯

二〇二三年備忘——行為原則

· 建構核心原則（不要太多），並根據原則行事。

· 考察概念，清晰表達。對於不瞭解的事情，盡量保持沉默。

· 不要陷入自我犧牲的惡性循環狀態，想做什麼就去做好了。

——少楠

　　受到原生家庭及社會環境的影響，以前我遇到兩難問題總會選擇自我犧牲，感覺這是為對方好。比如我原本特別想在工作日下班後去看某場演出，但又覺得這樣是在逃避家庭責任，於是就強忍著待在家裡，其實內心滿是牢騷；而當矛盾爆發時，我就會用這些「犧牲」數落對方。但實際上，一個人如果連自己都不愛，又談何去愛別人呢？並且這種犧牲，在對方看來其實莫名其妙——想看就去看，一家人也不是必須二十四小時黏在一起啊。

　　把這項原則置頂後，每次打開筆記軟體，我都能回顧一次。有了這樣的高頻率回顧，我開始在行動上有所改變，不再在親密關係中隨便犧牲自己。這樣一來，之前因為自我犧牲引發的問題少了許多，我和家人的日常幸福感也隨之提升。

　　你看，記憶固然重要，但如果只是去記憶，我們恐怕只能變成《天龍八部》裡的王語嫣，僅僅知曉各大門派的招式；要想成為真正的大俠，記住招式只是第一步，更重要的是透過回顧筆記

持續不斷地內化，以便知道在什麼情況下運用什麼招式。

不必那麼嚴肅，和過去的自己相遇

除了理性層面的好處，回顧筆記在感性層面亦有不少價值：

・比如情緒不好的時候，你可以回顧過去的小確幸，把自己從負面情緒的漩渦中拉出來。

・比如過度勞累的時候，你可以回顧優美的詩句或文字，讓自己放鬆下來，重新看到這個世界的美好。

・比如在自己變得強大後，你可以回顧過去讓自己痛苦的事情，拔掉內心那根刺，然後輕裝上陣。

・比如在一個平常的日子，你可以漫無目的地隨機回顧，看看過往的自己記過什麼，想過什麼，對什麼在意，又對什麼念念不忘，讓外界的聲音散去，只留下自己和自己對話。

所以，不要把回顧筆記當作壓力，而要把它當作一次充滿機會的發現之旅。如果你沒有回顧筆記的習慣，一開始不妨輕鬆一些，每週留出一點時間，讓現在的自己和過去的自己不期而遇，看看你會發現什麼樣的驚喜。

小結

　　在有限的時間裡，我們與其不斷追求更多新知識，不如花點時間回顧做過的筆記，讓更多知識內化於心。在持續不斷的回顧中，你會發展出屬於自己的優勢：擁有更精實的知識結構；發現更多知識連結；用記過的筆記解決現實問題，而非停留於紙上的理解。

怎樣實現更好的回顧

理解了回顧筆記的重要性，你可能還有諸多困惑，比如自己並非不知道回顧重要，但總是抽不出時間，或者回顧的時候，不知道到底該做點什麼，才能產生好的效果。

別著急，我們可以把「回顧」進一步拆解成更具體的三個步驟，來看如何逐項改進：

1. 投入時間：投入固定的時間，確保回顧能持續進行。
2. 同步思考：重要的不是複誦，而是引發思考。
3. 保持互動：與過往的筆記互動，增強回顧效果。

步驟一：投入時間

關於回顧筆記這件事，我們調研過許多用戶，結果發現大多數人都認同應該經常回顧自己的筆記，但實際上這樣做的人很少。究其原因，無外乎工作或生活太忙，沒有整塊的時間來回顧。

順著這個問題深掘，我們發現，許多人並非真的忙到沒空回顧，而是另有原因。比如由於記錄、分類過於草率，蒐集了太多陌生的知識，導致自己不知道該從哪裡開始回顧。而一個人愈是這樣不回顧，內心就愈焦慮，愈是希望能有「足夠多的時間」將過往筆記完整回顧一番。就這樣，時間缺口愈來愈大，啟動成本愈來愈高，「忙碌」就成了不回顧的背鍋俠。

那該怎麼辦呢？其實這和健身很像，你如果想擁有好身體，就不能指望靠跑一兩次馬拉松來獲得，更重要的是意識到健康的重要性，然後固定在某個時間段進行基礎鍛鍊，如此反覆。

所以在「投入時間」這個步驟上，我們的建議是：不要把回顧當成大掃除，而要將其分解成小任務，定期投入時間。

以我自己為例，我日常會有三個固定的時間點回顧筆記：

（1）每次記錄時回顧，重要的是熟悉上下文。

第一個時間點，是每次做筆記的時候。

這是我從望岳投資的南添那裡偷學到的一個回顧技巧。每次記錄新筆記的時候，他不是馬上開始寫，而是先找到對應內容所在的標籤分類，然後快速回顧一下之前記錄的內容，熟悉上下文之後，再開始記錄新內容。

假設他要記一則有關電動車領域的筆記，正式記錄前他會點開對應的標籤，翻看此前關於這個領域的筆記，思考即將記錄的內容和之前記錄的內容是否有衝突或關聯。這樣回顧的好處是，他不但可以加深對相關筆記的印象，還能快速建立起筆記之間的

連結。

　　我「偷師」到這種方法後，經常在做讀書筆記時使用。比如一本很厚的書，我不太可能一口氣讀完，筆記也是陸陸續續地記。

　　有了這種方法，每次做筆記前，我都可以往前回溯幾則，很快把上下文串聯起來。

　　不要小看這種方式，假設我每天記一則新筆記，那麼每年至少可以這樣回顧三百次。這樣一來，我不但能加深對此前記錄的印象，還能在這個過程中，把現在的事實、想法和之前的事實、想法聯繫在一起，避免孤立、短期地考慮問題。

　　當然，這樣做的前提是，你有相對充裕的時間。如果記錄時很匆忙也不用擔心，你還可以借助以下兩個時間點來回顧筆記。

（2）每日回顧或隔日回顧，重要的是持續不斷。

　　第二個時間點，是每天或隔天的一段固定時間。對我來說，這就像日常健身，重要的是持續，而不是進行壓力測試，所以時間一般控制在三十分鐘左右，避免給自己造成太大的壓力。在這段時間內，我會重點回顧最近一兩天記錄的內容。

　　舉個例子。每天晚飯後，我會著重回顧當天記錄的臨時內容，比如一些來不及看的連結或者某些有啟發的觀點等，它們多半在前文提到的「#Inbox」標籤下面。大概三十分鐘內，我會把臨時內容消化一下，並順手做一些預處理，比如補充自己的想法、完善筆記的標籤等。

2023/06/11

- 許多初創公司的創辦人重視金錢而非時間：一方面，所有事情親力親為，甚至為之自豪，認為這樣沒成本；另一方面，不肯為自己支付培訓費用、花錢請專家解決問題等。

- 但其實，有效利用自身資源才是關鍵，而非一味節儉。什麼是有效利用自身資源？就是創辦人要去做別人無法輕易複製的事情，輸出獨特貢獻，同時把其他事情委託給他人。

- 創辦人的時間很貴，因為你是業務的第一投資者，所以：

  - 不應該陷入一線的執行，而應該讓時間具有更高的槓桿。

  - 不能只尋求一至兩倍的回報，而要考慮十倍。

  - 你每天只能賣這麼多小時，所以要思考睡覺的時候還能賣什麼。

- 創辦人應該關注少數時間裡的關鍵行動，把有限的時間投資在重要的事情上，還要加快學習速度（如付費顧問等）。blog.leanstack.com

補充想法： 開啟新業務的時候，創辦人不應該招募一個人讓其直接給出答案，而應該先和有經驗的專家溝通，形成自己的觀點後再去找人執行，且找來的人最好是有資深經驗的老手。

↖ 2023/06/04：#Area / 創業 / 組織 / 管理 Buy back Your time。剛開始啟動一個事業，但是為了讓……

——少楠

比如上面這則筆記，原本是我某天早上起床讀文章時記的。因為時間匆忙，我只羅列了有啟發的要點。晚上回顧到這則筆記的第三個要點時，我想起前幾天還記過一則相關筆記，於是添加鏈接讓它們相互關聯[1]；同時還修改了標籤，從 #inbox 換成 #Area ／ 創業 ／ 組織 ／ 管理；另外還把和 Light 討論招聘問題時的一些思考補充在了文末——重要的是找到擅長某領域的人，把自己解放出來。

每日回顧或隔日回顧的好處在於，一方面可以讓我們毫無負擔地快速記錄想法，不必擔心放錯了分類等問題；另一方面還可以讓我們有固定的時間重新審視筆記，去蕪存菁、補充想法。這就像日常做一點家務，給自己的「知識小屋」做個快速整理。

（3）以週或月為單位回顧，重要的是發現連結。

除了每次記錄時回顧和每日回顧，還有第三個回顧筆記的時間點，那就是以一週或一個月為週期，留出固定的時間去回顧。

這種長週期的回顧，就像健身時的壓力測試，讓我們有機會把過去的許多記錄一起「加載」到大腦裡進行思考，方便我們發現其中隱藏的連結。

比如某次回顧時，我翻看了過往半年多的生活日誌，發現自己的焦慮情緒多半是由不熟悉的事情引發的。之所以有這個發現，是因為回顧讓我有機會把不同時間的筆記放在一起看，這樣

---

1. 用戶使用 flomo，可以透過快速引用、複製鏈接等方式，將已有的兩則筆記進行關聯。

更容易發現其中的聯繫。發現上述聯繫後我就知道了，以後我可以盡量獲取更多資訊，讓陌生事物變得熟悉，用具體的資訊緩解焦慮。

由於這類回顧的過程比較長，所以我每次會留出至少半天時間，讓自己充分思考，並根據思考結果對筆記做相應的處理。

記得有一次，我剛讀完《非暴力溝通》[2]這本書，其中不少觀點和案例看得我面紅耳赤。正好趁著週末，我又翻看了近一年的生活日誌，發現自己情緒低落或者壓力大的時候很容易對家人發脾氣，繼而自責，但實際上卻沒有向對方表達清楚自己想要什麼。於是藉著這次回顧，我寫下了一些關於親密關係的思考：

‧擁有良好親密關係的前提是「知道自己是誰」。先成為自己，才能看清對方。

‧親密關係不是彼此支配，或對對方抱有某些期望，而是先做自己該做的事情，畢竟一個人如果連愛自己都不會，遑論愛他人呢？

‧親密關係不是喪失自我，成為只會滿足對方需求的「奴隸」，而是找到彼此一致的視角，看到生活中新的可能性。

‧良好親密關係的基礎不是違背自身意願的犧牲，因為這會讓你心生埋怨，而是發自內心的主動付出。

2.〔美〕馬歇爾‧盧森堡：《非暴力溝通》，阮胤華譯，華夏出版社，二〇〇九年出版。

這次回顧讓我意識到，自己一直都帶著原生家庭的慣性前行，從未認真思考過親密關係意味著什麼。好在，覺察即改變。用心思考並據此踐行後，我和親近的人相處起來更加自如，摩擦也少了許多。

回到回顧筆記這件事，在「投入時間」這一步，重要的不是一次兩次的「突擊戰」，而是持續不斷的「小努力」。因此，不必給自己太大的壓力，甚至不回顧完所有筆記不罷休。你可以輕鬆一些，每次適可而止就好，因為下次回顧的機會很快就會到來。

步驟二：同步思考

有了時間投入之後，要想提升回顧效果，你還需要做第二步：同步思考。

或許你會覺得奇怪，回顧不就是在思考嗎？其實不然。比如，常見的一種情況是，許多人會說，我回顧了，但看了好多遍也沒記下來，肯定是我腦子不好用。你看，長期以來的教育模式，潛移默化地讓我們有「背誦答案」的習慣，回顧時往往下意識地去複誦記過的筆記，卻忽略了最重要的思考過程。

那麼，我們該如何在回顧筆記的同時啟動思考呢？你可以試著問自己三個問題：

（1）這則筆記和我最近遇到的什麼問題有關？

比如，我早期讀企業家謝家華的自傳《三雙鞋》[3]，做了很多筆記。某次我回顧到下面這則關於「客服」問題的筆記，同時也在想，這跟我最近遇到的什麼問題有關？

2021/05/28 ○

#BooKs / 三雙鞋

關於客服

大多數公司都把客服當作不得不做的事情，而忽略了這是建立口碑，提升顧客 LTV（生命週期總價值）[4] 的情境——挽救一個不滿意的客戶，不但能保住訂單，甚至還可能因為提供了超預期服務，讓他成為積極傳播者。

很多人認為顧客 LTV 是靜態的，而美捷步（Zappos）認為是動態的。因為隨著品牌與顧客的正面交流、情感交流增多，顧客對品牌的信任度也會提高，繼而在有消費場景的時候首選該品牌。

行銷的重點不在於吸引眼球，而在於建立顧客對品牌的信任，與顧客建立長期聯繫。哪怕自己無法服務，我們也要告訴顧客有什麼其他產品可以做到（flomo 無意間做到了這一點）。

——少楠

3.〔美〕謝家華：《三雙鞋》，謝傳剛譯，中華工商聯合出版社，二〇一一年出版。
4. 全稱為 Life Time Value，是公司從用戶所有的互動中所得到的全部經濟收益的總和。

這樣自我提問後，我馬上想到一個正在困擾我們的問題：要不要繼續在 flomo 客服這一塊繼續投入？事情是這樣的，剛開始做 flomo 時，因為只有我和 Light 兩個人，所以我們一直是自己上陣做客服。但時間長了我們發現，這件事耗費了太多時間，以至於影響到許多其他重要事項的執行。所以我們在考慮，要不要先關閉客服這個功能，但又擔心少了和用戶溝通的管道，到底該怎麼辦？

結合回顧到的這則筆記，答案自然就出來了——必須堅定地在客服這件事上「持續投資」。原因在於，這則筆記給了我一個視角：良好的客服溝通是一種建立信任的機制，而建立信任後，用戶才會願意投資時間、金錢在你的產品上。隨後我們很快邀請到一位很有耐心的夥伴加入，加快客服的響應速度；除此以外，我們還提高了建設「幫助文檔」的優先級，希望努力防患於未然，盡量讓用戶的問題提前被解決。

（2）關於這則筆記，我可以補充什麼新實踐或新思考？

下面這則關於時間管理的筆記，是我某次聽播客時記錄的。之前我做事總是容易失焦，導致重要的事情得不到及時解決，所以後來我乾脆買了一堆便箋貼在牆上，確保自己一到辦公室就能看到近期重點項目的重要節點。回顧這則筆記時，我把自己的這些實戰經驗補充在了後面，促進理解，加強記憶。

2023/05/29

- 時間是終極生產資料，但大多數時候我們都是直接出售時間，且只能出售十分之一。
- 要審度自己的時間表，確保時間、精力的投入方向和你認為重要的事情一致。
- 拖延，多數時候是因為不知道下一個行動目標是什麼，或者目標過大不知道從何下手，所以應該明確目標、把要做的事情拆成小顆粒。
- 小時價值＝年收入 / 2000。如果你能用 25% 的價格買到一小時，那就應該這麼做（假設一個人年薪 100 萬元，那麼他每小時的價值為 500 元，25% 的價格就是 125 元）。[5]
- 為何要買時間？減少決策疲勞、釋放精神範圍、增加時間價值。
- 還可以尋找生活中的小挫折或不便之處，解決它們，節省時間。

實踐記錄：

- 把當前項目的重要節點貼在牆上，可以避免偶爾空下來的時候失焦。

---

5. The Burn podcast by Ben Newman, Buy Back your Time with Dan Martell, https://podcasts. aple.com/us/podcast/buy-back-your-time-with-dan-martell/id1287224646?i=10005969463 53, August, 2023 .

> ・把客服問題統一放到下午處理，可以避免頻繁切換任務導致的
> 失焦。
> ・每週日做出下週的工作安排，但不能安排太滿，要為意外發生
> 的事情留出彈性時間。podcastnotes.org
>
> ——少楠

再比如，有一次我回顧過往的讀書筆記時，看到了 iPod（蘋果播放器）之父東尼・傅戴爾（Tony Fadell）在《創建之道：矽谷最強硬體咖發布的 32 個經典經驗，專為新鮮人、管理者打造從成長、入職、做出產品、換跑道、成為 CEO 的最優路徑》[6] 一書中分享的案例，講他們當時如何設計 Nest 恆溫器的服務體驗。

> 2022/10/08
>
> #Area / 產品 / 服務設計
>
> **什麼是好的產品服務？**
> 不要提及產品的特別之處，而要把用戶旅程的每一個階段都做得
> 很棒。

6.〔美〕東尼・傅戴爾：《創建之道：矽谷最強硬體咖發布的 32 個經典經驗，專為新鮮人、管理者打造從成長、入職、做出產品、換跑道、成為 CEO 的最優路徑》，楊詠翔譯，遠流出版，二〇二四年出版。

所謂客戶旅程，指「獲取－感知－熟悉－使用」的全過程。在整個旅程的每個階段，使用者都會問一個「為什麼」：

・我為什麼要關心這個？

・我為什麼要買它？

・我為什麼要使用它？

・我為什麼要堅持使用它？

・我為什麼要買下一個版本？

Nest 恆溫器有個獨到之處，就是附贈螺絲刀，用戶安裝時直接拿來就能用，而不必翻箱倒櫃找工具，這樣就把用戶的沮喪時刻變成了喜悅時刻。

不僅如此，那把螺絲刀不是一次性的，而是帶有四種刀頭，用戶可以用它做很多事情。這就大大超出了用戶預期，甚至成為品牌符號。所以，是用戶旅程最終定義了品牌。

我的實戰經驗：

在 flomo 的用戶旅程中，用戶面臨的最大問題是打開產品後不知道記錄什麼，更別提如何使用標籤和回顧了。所以，我們創立了「flomo101」，不僅提供功能指南，還提供大量的記錄方法和實際案例，讓普通人知道自己可以記什麼、怎麼記，以及記錄之後的效果是什麼。

——少楠

如果只是回顧案例本身，我只會覺得傅戴爾不愧是大神級人物，除了增加一些談資，對未來幫助不大。於是我開始回顧自己過往的經驗，主動問自己：我們做過哪些類似的事情？

順著這個問題，我在這則筆記下面補充了一段關於 flomo 如何優化用戶體驗的實戰經驗。這樣一來，我不但把過往有價值的經驗沉澱了下來，方便未來分享給團隊其他成員，而且進一步加深了對這個案例背後的用戶旅程框架——「獲取—感知—熟悉—使用」的理解，方便後續設計新服務時調用。

（3）這則筆記和其他哪則筆記有關係？

除了前面兩個問題，回顧筆記時你還可以試試問第三個問題：這則筆記和其他哪則筆記有關係？

比如，下圖是我在反思自己是否有「美化智商」行為時記錄的一則筆記，裡面有句話是這樣說的：「我偶爾也有一些美智行為，表達的都是未經自己踐行的他人觀點。」這句話讓我想到，之前我還記過一則相關的筆記，來自朋友 Chaojun 分享的內容——「何謂擁有一個觀點」。於是我透過添加鏈接的方式，把這兩則筆記關聯起來，同時再次提醒自己實踐的重要性，不要沉迷於轉發他人觀點去獲得影響力。

2023/07/12

#Inbox

· 美化智商的表現之一，是把別人的見解轉述出來，以獲得影響力。

· 我偶爾也有美化智商的行為，比如轉述、總結一些未經親身實踐的他人觀點，本來應該是督促自己實踐，但卻在獲得了影響力後沾沾自喜而沒有徹底踐行。

· 重要的不是透過美化智商提升影響力，而是親身實踐後獲得的觀點或洞察。

· 我們都會被他人觀點影響，好的方式是讓觀點穿過自己，沉澱出屬於自己的知識並為我所用，而非一上來就急著將他人觀點「據為己有」。

↖ 2022/05/19：#思考 看chaojun到小報童專欄有一個啟發……

——少楠

2022/05/19

#思考

看 chaojun 的小報童專欄有一個啟發：

· 何謂擁有一個觀點？是理解它的各個角度、各種顆粒，而不僅僅是一部分。

・何謂擁有一個洞察？是知道某個觀點是哪些河流匯合的焦點，並且知道上下游的樣子，繼而推斷出未來的變化。

🔙 一條鏈結至此的 MEMO

——少楠

其實，不管帶著什麼樣的問題去思考，我們的目的都是找到有價值的資訊增量，服務於自己要解決的問題。如果你一開始不知道怎樣找資訊增量，這裡有一個來自得到蔡鈺的啟發。

蔡鈺說，所謂資訊增量，其實來自不同資訊之間的關係；而所謂關係，無外乎有這麼幾種形式：差異、變化、衝突、呼應、互補、聯動。下次回顧筆記的時候，你不妨順著這些形式，找找不同資訊之間的關係，說不定會有新的發現。

你看，這樣帶著問題去思考，可以幫助我們找到更多線索或啟發，對知識的理解程度也會更深。因此，不要把回顧筆記當作任務，而要當作機會，帶著你的新問題、新經驗、新認知啟動新一輪的思考。這樣一來，無論是你的認知水準還是做事能力，都能實現「滾雪球」式的進步，而不會隨時清零或只是憑運氣提升。

步驟三：保持互動

有了固定的時間投入和同步思考，如果想讓回顧效果更上一

層樓，你還可以和筆記進行更多互動。具體來說，常見的互動方法有三種：增加、刪除、改寫。下面我們分別看看實際案例。

（1）增加

所謂增加，首先指對筆記內容進行擴充，比如增加一些更深入的資訊、有價值的思考，或者更豐富的背景資料等。

比如，我有一則筆記記錄了自己對於何謂幸福的思考。每次回顧到這一則的時候，我都會問問自己，是否對何謂幸福有新的看法。如果有，那麼我會補充到這則筆記上。類似的諸如何謂焦慮、對親密關係的思考、對決策的原則思考等筆記，我都會這樣不斷補充新的資訊。

2022/10/04 ○

#Area / 自我 / 幸福

什麼是幸福？

· 幸福是欲望缺席的時刻，即停止思考過去和未來，活在當下的
時刻。

· 幸福不是只有拚命爬到山頂時才能獲得，而是向山頂攀登的每
一個當下，都有可能獲得。

保持幸福的方法：

· 保持熱情：人的興趣愈廣，獲得幸福的機會就愈多。因此要培
養興趣，保持對世界的熱情。另外還要減少內耗、專注當下。

・用心工作：目標的連續性是擁有長久幸福的重要因素之一，多

數人主要從工作中獲得。因此要用心工作，並讓工作變得有趣。

・保衛閒暇：無暇休息會讓人感到疲倦、疏於思考，甚至由於過

度聚焦於少數緊急的事情，而對世界上的其他存在少了敬畏之

心。於是我們會變得過於自我、過於狂熱，自我剝削，直到

筋疲力盡。因此我們要保衛閒暇，適度休息，不要讓自己過

度忙碌。

——少楠

除了補充內容，我還會為筆記加上更多標籤，使其和其他分

類下的筆記建立連結，豐富知識網路。

比如，我在讀《王立銘進化論講義》[7]這本書時記了讀書

筆記，由於讀這本書起初是興趣所致，所以只加了個簡單的標

籤——「#Books／王立銘進化論講義」，確保自己將來可以透過

這個標籤找到筆記。但某次隨機回顧過往筆記時，我發現其中有

段內容看似簡單，卻對知識管理中讓許多人頭疼的「如何分類」

---

7. 王立銘：《王立銘進化論講義》，新星出版社，二〇二二年出版。

8. 瑞典植物學家卡爾・林奈（Carl Linnaeus）在十八世紀發明的一套金字塔式的分類方
法。他把一萬多種植物按照「綱、目、屬、種」這幾個不同層次的單元，分門別類
地整理了出來。這套方法在後世被人們繼續發展成了「界、門、綱、目、科、屬、種」
七級分類系統。

問題有啟發——林奈分類[8]的核心目的是方便他自己觀察和檢索，但並不適合其他人，因為林奈的分類系統主要基於生物的形態和解剖特徵，它提供了一種便於描述和識別生物的方式，這並不意味著它能夠揭示生物之間的真實演化關係。比如玫瑰和鬱金香都是「花」，但前者屬於薔薇科，後者卻屬於百合科，祖先完全不同。

2023/02/28

`#BooKs / 王立銘進化論講義`　　`#Area / 知識管理 / 方法`

- 林奈的分類方法相當於給生物編碼，目的是方便他自己觀察和檢索，雖然為其他人提供了一種分類視角，但並非放之四海而皆準的黃金標準。
- 這種分類方法的缺陷在於，無法反映客體和主體之間的關係（如玫瑰和薔薇科之間的關係），也無法反映同類別客體之間的關係（如作為「花」的玫瑰和鬱金香之間有何關係）。

思考：

- 分類沒有對與錯或黃金標準，核心在於自己希望透過分類達到什麼目的。

——少楠

相應地，如果我們做筆記時忽略某些標準分類方法的目的，只是機械照搬，那麼就相當於買櫝還珠。意識到這一點後，我在這則筆記上添加了「#Area / 知識管理 / 方法」這個標籤。就這

樣，進化論知識和知識管理知識在我的大腦裡就搭建起了一座小小的橋梁。我後續再研究知識管理領域，也有了一個新的學科視角。

（2）刪除

筆記不是愈多愈好，如果某些筆記已經過時，或者自己很大機率不會再用到，那麼我們可以大膽地刪除。這樣不但能有效降低混亂，還能讓我們將有限的精力投入到值得思考的問題上去。

比如，前些年我對區塊鏈投入了許多時間去研究，但始終沒有找到合適的應用場景。後續因為創業，時間有限，更沒有精力繼續學習。雖說「藝多不壓身」，但維護這麼多與「藝」相關的知識也是需要成本的。而隨著時間推移，創業方向逐漸明朗，我應用這些技術的機率大幅降低，所以某次回顧時，我咬了咬牙，將這個分類裡的上百則筆記整體刪除，頓時感覺清爽不少。

除了刪除自己不再關注的領域，還有一些可以考慮刪除的內容，比如：

‧囤積許久卻從沒再看的內容。對大多數人來說，如果某些內容超過兩三週沒有回看，那麼我們幾乎不太可能再看。

‧摘抄的金句或名言。因為這些內容大多數時候無法指導具體的行動，只能讓你得到精神上的按摩，造成自己已經掌握了「大道」的快感。

‧部分一次性、過程性內容。比如辦理落戶的流程，剛開始學習某些軟體時記錄的方法等。

除了把過去的筆記整體刪除之外，對於單則筆記的內容，我們也可以有選擇地刪除，只留下對自己最有價值的部分。這樣，下次回顧時，重點會更加明晰。還記得本書第二部分講到的「精煉核心內容」這個建議嗎？其中的很多方法在這裡同樣適用。

（3）改寫

除了增加或刪除，我們還可以參考做筆記的第一種預處理方式，用自己的話對筆記進行改寫。你可能覺得，這不是在玩文字遊戲嗎？其實不是。這裡所謂的改寫，並不是對文字做語法或詞彙上的修飾，而是經過消化吸收、深入思考之後，把別人的案例或洞察換成自己的，用自己的話說一遍。

比如，早期我記過一些關於欲望的筆記，大部分都來自法國社會學家勒內・吉拉爾（René Girard）的欲望理論。但後來隨著自己的實踐愈來愈多，學習的相關知識愈來愈多，我對此前的筆記做了多次改寫。目前相關筆記裡的案例和觀點，其實是我基於自身經歷做了多次改寫和取捨的結果。

2022/03/15

#Area / 自我 / 欲望　　#people / 哲學家 / Rene!Girard

- 一個人對另一個人（或事物）的欲望，來源於這個人對其他人如何得到這個人（或事物）的模型的模仿，而不是這個人（或事物）本身。比如小孩子要玩具，很多時候不是因為玩具好玩，而是別人家的孩子有。

- 我們四處尋找他人也喜愛這些人（或事物）的模型，以確保自己不是唯一喜愛它們的人，因為我們害怕做出和別人不一樣的「錯誤」選擇。奢侈品不斷對外做品牌廣告，原因就在於此，重要的是讓大家知道，其他人也覺得這些東西是奢侈品。

- 危險在於，如果我們的欲望是模型決定的，那麼我們的欲望就不是自己的，而是他人的。最理想的東西是我們不能擁有的東西，而我們的模仿對象總是比我們更接近那些東西（別人碗裡的飯香）。

- 在這種欲望模式的驅使下，我們一方面想要「別人想要的東西」，另一方面也不想要「別人不想要的東西」。一個典型例子：某人帶女朋友社交，故意引來情敵，其目的是尋找同類，證明自己的眼光是對的。

——少楠

#Lifelog #自我／欲望

什麼是欲望？

自我的欲望，往往是想完全占有某個對象——就像剛戀愛的時候，希望完全佔有對方的方方面面。但問題是，這樣實際上是把任何對象都物化了，希望不斷拉近距離，繼而占有，讓對象喪失獨立性，成為自己的附庸。

——少楠

不必擔心這樣會破壞內容，因為改造是為了更好地使用，而不是把它展示給他人。再比如，下面這則筆記裡的決策原則，我已經忘記了最早的出處，但絲毫不影響我用它們指導未來的決策。因為這則筆記的內容，都是我在不斷實踐中迭代出來的，一招一式，早已內化於心。

2022/10/05

#決策

做決策的原則

・做決策前，我們要先判斷這件事是否值得決策（考慮時間角度、回報維度）；再看這個決策是否可逆——如果可逆則盡快做出，

如果不可逆則保持謹慎，多蒐集資訊作為依據。

· 確保每次做決策都在減少後續需要做決策的事情——這代表核心矛盾或系統瓶頸已被解決。

· 注意，當沒有好的選項可以選擇時，耐心等待機會，也是一種決策。

· 對某個選項說「是」，相當於對其他所有選項說「不」，意味著放棄其他機會；而對某個選項說「不」，則只針對這一個選項，每次否定都在縮小可選範圍。所以我們應該默認說「不」，然後找多方證據論證是否應該對某個選項說「是」。

——少楠

小結

本文主要介紹了回顧筆記的三個步驟：投入時間、同步思考、保持互動。每個步驟都提供了一些建議，你可以結合自己的情況靈活取用，讓回顧筆記這件事變得更有價值。

除此之外，關於回顧筆記這件事，成甲某次和我們連麥時曾提到一個更犀利的觀點，這裡一併分享給你。

當時許多讀者問，回顧筆記具體要做什麼，比如要不要刪除、擴寫、再加工？成甲說：「我的經驗是能不動就不動，當你

需要解決問題的時候再動。因為重要的不是操作筆記，而是操作現實。」

確實，雖然本文提了一些如何在筆記層面進行操作的建議，但我們並不鼓勵大家為了回顧筆記而回顧筆記，為了整理筆記而整理筆記，而是希望你透過回顧引發思考，繼而解決現實問題，影響現實世界。

正如成甲所說：「從學習邏輯上講，進行一次與現實生活相連結的操作，抵過純粹在筆記上操作十次。」

PART 3

蒐集篇

如何做篩選
獲取高品質資訊

審視自己和資訊之間的關係

本書的第二部分介紹了做筆記的三種預處理方法，這一部分我們來關注另一個困擾許多人的問題：如何獲取優質資訊。

在電腦科學中有一句俗語「垃圾進，垃圾出」，意思是指如果將錯誤的、無意義的數據輸入電腦系統，電腦自然也一定會輸出錯誤、無意義的結果。同樣，如果我們要記錄有價值的內容，那麼優質的資訊必不可少。這就像日常飲食一樣，如果天天吃高熱量的食物，那麼我們就很難擁有健康的體魄。

說到如何獲取優質資訊，你能找到很多不同方向的答案，比如，如何蒐集乾貨內容或者大咖總結等。但在回答這個問題之前，絕大多數人忽略了一個關鍵的步驟：審視資訊和自己之間的關係。

審視關係？這是什麼意思？許多人沒有意識到，我們看似在主動獲取資訊，但其實「自己」往往是相當被動的一方。換句話說，可能不是你在掌控資訊，而是資訊在支配你。還是拿食物打比方，雖然我們可能沒有意識到自己被食物支配，但看到美味的

食物流口水是人的本性。身邊的資訊也一樣，它們悄無聲息地影響著我們，如果不去留意，其實很難覺察。而在毫無覺察地接受各種資訊時，我們常常難以判斷優劣，因為它們已經填滿我們的大腦，讓我們無暇思考。

從這個角度看，獲取優質資訊的第一步，不是急著尋找所謂的優質資訊，而是化被動為主動，掌握獲取資訊的主動權。這就需要我們解決兩大典型挑戰：第一，避免資訊成癮；第二，逃離資訊繭房。下面我們分別來看。

避免資訊成癮

要想獲取優質資訊，擺在我們面前的第一個挑戰是：避免資訊成癮。

你是否遇到過這種情況：下班回到家，本打算好好休息，但只要一打開抖音、微博或者小紅書，就有一種力量促使你不斷下拉、刷新，不知不覺，抬頭一看已是深夜。關於這種現象，科學界有過相關研究。它有個心理學上的名稱，叫「資訊成癮」（Information addiction）。上海市衛健委曾經這樣描述資訊成癮：「沉溺於資訊的搜尋和蒐集活動。多發生於高學歷人群，成癮者花大量精力上網瀏覽資訊，沒有網路時立即變得焦慮不安，總擔心漏掉重要的資訊和新聞，害怕給工作、生活帶來負面影響。同時還會出現軀體症狀，比如頭痛、失眠、食欲下降、噁心嘔

吐等。」[1]

或許你會覺得，這不是自制力不足嗎？其實不完全是。如果要「甩鍋」的話，根源在於人腦分泌的「多巴胺」。《欲望分子多巴胺》[2]一書提到，多巴胺的分泌來自大腦對「意外」的反應。比如你看短影音的時候，刷新一下，看到一條搞怪影片，再刷新一下，又看到一個名人分享……這些內容就像盲盒，不斷刺激大腦分泌多巴胺。由於多巴胺可以讓人感到快樂，於是我們會不由自主、不加控制地獲取更多資訊……而我們的大腦，也容易變成一臺「不分青紅皂白的好奇心機器」。

你可能會覺得奇怪，精密的人腦為什麼會存在這樣的漏洞？其實，如果深究一層你就會發現，多巴胺帶來的並非總是負面影響。舉個例子。遠古時代，人類祖先每天都要做出許多決定或判斷，比如在哪裡進食、向誰求偶、周圍環境是否危險等。而獲取更多資訊——諸如食物的位置、天敵來襲的訊號、潛在配偶的秋波等，可以讓他們做出更好的決定，或者更好地控制周邊環境，從而增加生存機會。從這個角度看，多巴胺有其積極的一面。

問題在於，人腦的進化速度遠不如人類社會的進化速度來得快。在二十世紀，許多人為了獲取資訊，可能連字典、產品說明

---

1. 健康上海12320：《這種「癮」可以治，找準病因是關鍵》，https://mp.weixin.qq.com/s/norkQkuzfcTxto-7w47LIw，二〇二三年五月二十二日訪問。

2.〔美〕丹尼爾‧利伯曼，〔美〕麥可‧隆：《欲望分子多巴胺》，劉維人、盧靜譯，臉譜出版，二〇二三年出版。

書上的內容都能逐字讀完;而今天,只要你願意,資訊幾乎無限供應,根本看不完。這就引發了大腦的一個系統錯誤:一方面,大腦本能地渴望獲取資訊,用來保持進化優勢,於是會在捕捉到新資訊的時候,分泌多巴胺作為獎勵;但另一方面,由於現在的資訊太多了,幾乎無窮無盡,所以這種獎勵很容易讓我們沉迷於虛幻的快樂無法自拔。

發現了嗎?如果我們被資訊成癮支配,那麼大腦追求的其實不是資訊品質如何,而是「獲取資訊」這個過程本身。關於這種現象,加州大學柏克萊分校的神經經濟學家 Ming Hsu 教授曾這樣分析:大腦會高估那些讓我們感覺良好但實際並沒有用處的資訊,就像我們的大腦喜歡垃圾食品中那些無用的熱量一樣。[3]

所以,一旦陷入資訊成癮的困境,我們很容易被各種新鮮的、聳人聽聞的資訊吸引,並因此感到「快樂」。但也正因如此,我們的大腦容易變成各種「無用資訊」,甚至「垃圾資訊」的回收站,給我們的決策品質、行動品質造成負面影響。

讀到這裡,你可以放下本書思考一下:我是否有「資訊成癮」的跡象?比如不停刷新聞、看短影音等。如果沒有,那麼值得慶祝;如果有,也不用擔心,因為只要覺察到問題,就是改變的開始(下篇文章會分享幾則好用的原則,幫你避免資訊成癮)。

---

3. Neuroscience, Information addiction: How information is like snacks, money, and drugs to your brain, https://neurosciencenews.com/information-addiction-brain-14274/ , June 19, 2019 .

打破資訊繭房

　　除了「避免資訊成癮」，要想獲取優質資訊，擺在我們面前的第二個挑戰是：打破資訊繭房。

　　提起資訊繭房，很多人並不陌生。這個概念最早出現在哈佛大學教授凱斯·桑思汀（Cass R. Sunstein）的《資訊烏托邦》[4]一書中，指的是人們形成的一種資訊過濾系統，這種系統會使一個人只願意接受自己熟悉的資訊，而看不到其他重要資訊——就像把自己關在一個繭房裡，短期來看十分滿足，長期來看卻是作繭自縛。

　　你可能覺得，這個概念並不新鮮，為什麼還要拿出專門的篇幅來講呢？

　　原因之一在於，資訊繭房不是瞭解了就能規避的東西，需要你保持高度的覺察。

　　為什麼這麼說？來做個簡單的實驗：試著低頭往下看，你能看到自己的鼻子嗎？你會發現可以。但為什麼平時「看不到」呢？這是因為大腦選擇性地忽略了這一信號——雖然眼睛能看到很多東西，但由於大腦注意力有限，只能關注部分重要資訊。同樣的道理，雖然我們可能瞭解資訊繭房，也想逃離資訊繭房，但由於大腦配置不夠，導致我們的注意力範圍有限，因此大腦逢事

4.〔美〕凱斯·桑思汀：《資訊烏托邦》，畢競悅譯，法律出版社，二〇〇八年出版。

便會採取「低電量」模式，自動忽略許多資訊，而不會特意通知我們。

重要的是，這種「省電」模式會讓我們容易選擇性地回憶和搜集有利細節，忽略不利或矛盾的資訊，以支持自己的想法或假設——這就是「確認性偏見」。

舉個例子。我在二〇一四年創業的時候，行業內普遍信奉「矽谷模式」，關注快速增長、融資、燒錢和規模。身處創業大潮中，那時候的我只願接受和「矽谷模式」一致的敘事。當被妻子問到如何盈利的時候，我會引用各種科技媒體上的案例，給她講 Instagram（照片牆）等產品如何快速增長、如何拿到融資……她聽完還是不解：如果產品不掙錢，靠什麼養活團隊、給投資人帶來回報？每每至此，我們的討論就不歡而散。我固執地堅信，這次創業只要把規模做大就好，不用考慮什麼商業模式問題。

又比如，到了二〇一五年年末，整個資本市場已經開始變得謹慎，許多公司都開始儲備過冬的資金。而我們團隊當時依舊認為，只要產品做得好，總會有人來投資，不用主動出去談，並且總能舉出許多投資人爭相注資的項目來給自己加油鼓勁。當然，毫無意外地，最終結果並不好。

回頭看看那時，我基本上是「帶著錯誤的偏見看世界」，把所有不利於自身認知的資訊都屏蔽掉，給自己造了個小繭房，任外界風吹雨打，我都要固執向前——只不過，現實最終會啪啪打臉。你看，那時候的我並非不瞭解資訊繭房這個概念，但即便如

此，還是會一不留心就深陷其中。因此，我們需要對資訊繭房保持高度的覺察。

原因之二在於，資訊繭房的影響之大，可能遠超我們的想像。

舉個例子。二〇一八年我任職於網際網路線上問診平臺時，皮膚科是一個很不受重視的科室，無論從全國的醫師數量還是患者數量來看，這都是一個「需求不大」的科室。相對來說，糖尿病、內分泌疾病等疾病的病例數量逐年上升，治療需求很大。那時候，這些資訊幾乎在每個專業報告裡都有提及，好像沒什麼問題，但真等逐一訪談用戶後我們才意外發現，此前的我們都陷入了資訊繭房，並且錯得離譜。

原來，那些專業報告都是站在「醫療」角度進行的分析，很少關注到「愛美」這種需求——實際調研中我們發現，那些被痘痘等皮膚問題困擾的人，如果拍張照片就能諮詢醫師，並能得到專業的指導，他們是非常樂意為之付費的。

正因為有了這段突破資訊繭房的經歷，以及從中獲得的洞察，在後續的線上問診平臺大戰中，我所在的平臺很快找到了獨特的市場競爭優勢；而當時許多重點服務於糖尿病等重症、重疾的平臺，都陷入了鏖戰之中。

再比如，我們日常關注的思維工具設計領域，許多內容都會提到「標籤」是一種古老的東西，新時代應該使用雙鏈、白板等功能，來讓思維更好地連結與呈現，所以有一陣子我們也很焦慮，擔心自己是不是在設計「過時」的東西。

但深入調研後我們發現，雖然「標籤」這個概念已經出現了幾十年，但還是有相當多的用戶只知道文件夾，不知道標籤是什麼，更不瞭解標籤的使用方式——加在開頭還是結尾？加一個還是加多個？最多能加多少個？加錯了怎麼辦？

這個發現讓我們感到意外，與此同時，真實的調研結果也幫我們跳出了「標籤已經過時」這一資訊繭房。從那之後，我們回到原點，圍繞標籤做了許多功能介紹與引導，希望幫助更多人順利地應用起來。反之，如果沒有跳出資訊繭房，看到一個更真實的世界，我們可能會為 flomo 添加各種複雜語法、格式、星圖、心智圖……然後拚命增加人手，進而融資、燒錢，最終被歷史的車輪碾過。

哲學家黑格爾說過一句很有名的話：「人類從歷史中學到的唯一教訓，就是沒有從歷史中吸取到任何教訓。」讀到這裡也請你琢磨一下，過去有多少時刻，你也曾被困於資訊繭房之中，努力掙扎後才意識到，原來是它在搗亂。

不過也別後悔和自責，還是前面說的那句話，只要覺察到問題，就是改變的開始。

小結

無論是「避免資訊成癮」還是「打破資訊繭房」，都是希望提醒你，要對自己獲取資訊的環境保持覺察，只有這樣，你才有

可能變被動為主動，掌握獲取資訊的主動權，進而做出更好的決策，用有價值的行動影響現實世界。

接下來，本書將為你提供三個原則，幫你設定邊界，反客為主；還會提供三個建議，幫你用「加法」、「減法」、「乘法」三種方法，重新建立和資訊之間良好的關係，真正獲取優質資訊。

三項原則，
掌握獲取資訊的主動權

前文提到，面對「如何獲取優質資訊」這個問題，我們首先應該思考的是，如何奪取主動權，避免資訊成癮，跳出資訊繭房。

有了這個意識，具體如何做呢？接下來我會跟你分享我和Light在實踐中總結出來的三項原則，希望對你有啟發。當然我們更期望的是，你能在未來的實踐中形成自己的原則，牢牢掌握主動權。

不必成為全能專家

獲取優質資訊的第一項原則叫做：不必成為各個領域的「全能專家」。它的核心要義在於，主動為你的注意力設置邊界。你可能會問，大家都說要「拓展」認知邊界，為什麼這裡反而強調要「設置」邊界呢？

因為我們在拓展認知的時候，很容易陷入一個迷思：把有限

的注意力當作無限的資源來用。但事實並非如此。如果不為注意力設置邊界，我們很容易被各種知識所吸引，從而忽略了真正應該精進的領域。

如何解決這個問題？我們的建議是，你可以告訴自己：作為普通人，我不可能在各個領域都成為專家。所以在獲取資訊問題上，多數時候，這樣就好，夠用就行。

比如在資訊時代，我們日常使用電腦辦公，但大多數人只需掌握基本使用方法、熟悉常用辦公軟體即可，並不需要學習編程知識，甚至瞭解電腦原理——那是軟體工程師或電腦科學家要精進的領域。

關於這一點，Light 做過一個有趣的比喻：局部最優的疊加，總是導不向全域最優。這就像爬山，你要登上最高峰，最好的辦法肯定不是把每座小山坡都登一遍，而是先找到最高的山，再去攀登。獲取資訊也一樣。你不必在每個領域都成為專家，更不要做皓首窮經的學究，選擇一個或幾個核心領域精進就好。

這不是一種無奈的妥協，而是一種主動的選擇，讓自己專注於最值得精進的核心領域。

以具體問題為導引

獲取優質資訊的第二項原則叫做：以具體問題為導引。它的意思是，不要漫無目的地獲取資訊，看到什麼記什麼，被資訊的

洪流所淹沒，而是要化被動為主動，從自身目的出發，以「待解決的問題」為導引。

這是我從好友劉飛那裡獲得的一個啟發。大概二〇二二年起，劉飛和我就頻繁地討論 AI 在產品中的應用，當時雖然看了許多相關的文章、產品分析、論文等，但由於沒有什麼明確的目標，許多內容看完就看完了，我們對 AI 的理解依舊很膚淺。後來機緣巧合下，他開始研究如何用 AI 生成圖片，更具體地說，如何使用 Midjourney 這個 AI 繪圖工具生成圖片。

研究過程中他發現，自己要解決的問題變得非常具體——不是 AI 的發展歷史，也不是 AI 的未來趨勢，而是「如何透過調整提示詞（Prompt），讓 Midjourney 生成更好的畫面？」帶著這個問題去蒐集資訊，他的思路就變得非常清晰了，因為暫時只需要聚焦於如何理解和優化提示詞相關的內容，其他過於形而上或者技術類的內容，都可以先放在一邊。

這樣聚焦後，他很快就將咒語一樣的提示詞，拆解為「內容描述＋風格描述＋屬性描述」以及各種系統參數，生成的圖片不但品質更高，也更貼近他腦海中的畫面。

你看，「以問題為導引」其實是聚焦一處，讓我們找到蒐集資訊的切入點。問題愈具體，你蒐集資訊的思路就愈清晰。比如，「AI 是否會讓人失業」是一個很大的話題，如果你能找到一個更具體的切入點，比如「AI 在 Excel 表格處理上有哪些發展，會不會替代一部分工作」，你蒐集資訊就會更好下手，思路也會更

清晰。

　　重要的不是答案，而是一個好問題。而所謂「好問題」，其實源於你自己，源於你的經歷、你的偏好、你的期待、你的興趣……只有拿著自己的真實問題去蒐集資訊，才算掌握了獲取資訊的主動權。

主動監控，保持質疑

　　獲取優質資訊的第三項原則叫做：主動監控，保持質疑。它的意思是，對於蒐集到的資訊，無論是書裡的名言也好，還是專家的建議也好，我們都不要被動地默認接受，而是要主動在大腦裡增加一道監控程序，對它們保持質疑。

　　你可能覺得，這個建議說起來容易，做起來難，畢竟我們注意力有限，不可能監控所有資訊。針對這一點，我有個小技巧分享給你，你可以提前設置一些「觸發詞」，重點監控這些詞語，比如「絕對」、「肯定」、「一定」、「永遠」、「所有」……當這些「言之鑿鑿」的詞語或語氣出現的時候，你就要多問一句：「真是這樣嗎？」讓自己重新審視資訊。

　　舉個例子。近些年，隨著「內卷」、「996」、「工具人」等話題被討論得愈來愈多，很多人有一個觀點，「每天重複的工作一定不是好工作」。但這是真的嗎？人類學家項飆對這個觀點保持質疑，並重新審視了「什麼是好工作」這個問題。在他看來，

好工作非但不是「不重複的工作」，反而是「你不怕重複做的工作」。因為大的事情和好的事情，都是不斷重複的。只有在這個過程中，一個人才能在特定領域不斷深入，和他人不斷連結，最終彙聚成大事。[1]

很多年輕人之所以抗拒「重複的工作」，不是因為「重複」本身，而是因為「意義的貧困」，即看不到工作產生的意義是什麼。加上大多數人不是在拚命工作就是在拚命消費，根本沒有時間停下來思考意義，就會陷入更加惡性的循環。你看，當你問出「真是這樣嗎？」，就會發現「好工作」也是重複的，重要的反而是去尋覓工作的意義。

除了提前設置「觸發詞」，如果你想更進一步，我還有第二個技巧分享給你。面對來自他人的經驗，你可以設置一個監控問題：這個經驗的完整邏輯是什麼？適用場景是什麼？只需多問一句，你就有可能收穫完全不同的資訊。

一個典型使用場景是金句。比如，巴菲特有句著名的話：「別人貪婪時我恐懼，別人恐懼時我貪婪。」這句話有道理嗎？有，逆向思考往往有意外收穫。但它適用於所有場景嗎？並不是。因為別人貪婪並不意味著高估，別人恐懼也不代表著低估。如果我們只是記住這句話，然後據此去投資，很可能也是血本

---

1. 青年誌 Youthology：《項飆談 996 和異化：城市新窮人不是經濟窮人，是意義貧困》，https://mp.weixin.qq.com/s/ipslqqL-OCYCSMM7tGbFgQ，二〇二三年九月一日訪問。

無歸。[2]

　　而如果我們能多問一句：這個經驗的完整邏輯是什麼？就可能得出如下答案：

　　1. 價格（市場情緒）和價值是兩個獨立值。

　　2. 市場情緒往往極端演繹，於是價格也總是偏離價值。

　　3. 當市場情緒極端時，不妨試試逆向思考，或有機會。

　　4. 別人的貪婪和恐懼，只是一種訊號，而非標準。

　　你看，在他人分享的經驗裡，通常隱藏了許多背景資訊及其適用場景。因此，我們不妨多問一句，獲取更多有價值的資訊。

　　做到了這一點，我們就不會止步於看似深刻的金句或經驗，而是能夠主動切換場景，不斷跳出自己的立場，降落在粗糙的地表上，看到其他視角的考量，從而打破資訊繭房。

　　最後提醒一點，「質疑」不等於「抬槓」。具體來說，「質疑」的目的在於提出問題、解決問題，而「抬槓」則是為了贏得辯論，證明自己是對的、別人是錯的。注意不要陷入抬槓的迷思。

---

2. Loudly Thinking：《啟發式》，https://mp.weixin.qq.com/s/65AKoWz4pQpf6vbHRgG8g，
　　二〇二三年九月一日訪問。

正如瑞·達利歐所說：「原則是根本性的真理，它構成了行動的基礎，透過行動讓你實現生命中的願望。」[3]

「不必成為全能專家」、「以具體問題為導引」、「主動監控，保持質疑」——這三項原則的核心思路，都是幫你掌握獲取資訊的主動權，用來達成自己的目標，而不是把自己的大腦變成他人思維的跑馬場。

3.〔美〕瑞·達利歐：《原則：生活和工作》，陳世杰等譯，商業周刊，二〇一八年出版。

建議一：

做減法，削減你的資訊源

掌握三項原則之後，要想獲取優質資訊，你面臨的下一個問題是「如何尋找優質資訊源」。關於這個問題，我們根據自己的實踐經驗總結了三個建議分享給你，分別是做減法、做加法和做乘法。

第一個建議可能有點反直覺，因為它不是教你如何做加法，增加資訊源，而是幫你做減法，削減你的資訊源。為什麼要這麼做？這是因為在我們看來，做減法比做加法更基礎，也更重要。

我們不缺資訊，而是缺乏注意力

現在想一想，你每天早上打開手機，是不是都會迎來一場「資訊海嘯」的洗禮？打開微信，各種群聊中充斥著要看的或者要回應的資訊；打開各種資訊類 App，熱銷榜、彈窗撲面而來；打開

微博，發現剛關注的大咖又分享了幾個新認知……你想主動找點自己關心的資訊看，卻發現自己依舊會陷入無盡的資訊海洋，無論是升學考試的建議，還是某個空氣清淨機的評測，好像都有道理，卻讓人愈看愈焦慮，看完反而更糾結了……

仔細想想，今日稀缺的並不是資訊，而是我們的注意力。

老子說：「為學日益，為道日損。損之又損，以至於無為。」翻譯成大白話就是：追求知識的人，每天都會增加一些知識；追求道的人，每天都會減少一些欲望和雜念。減少到一定程度，就達到了無為的境界。

在資訊獲取上也是如此，對我們每個人來說，當下重要的不是獲取更多資訊，而是避免過載；不是任由資訊掠奪我們的注意力，而是減少不必要的打擾。只有這樣，才能讓自己更加專注於有價值的資訊。

三個方法，幫你評估削減哪些資訊源

那麼，具體怎麼做呢？很多人可能會告訴你，去看有沒有專家背書、權威推薦等。這些傳統方法固然有效，但都是以外部標準為依據去判斷資訊的優劣。在這裡，我們希望提供另外一個視角，即從「你」出發，看看資訊是否值得關注。因此，我們從「資訊是否有助於你的思考或行動」這個角度出發，總結了三個方法，幫你削減資訊源。

削減利用你情緒的資訊源

第一個方法叫做，削減利用你情緒的資訊源。

什麼是「利用你情緒的資訊源」？比如，「震驚！會被 ChatGPT 取代的三十個職位，其中有你的嗎？」類似這種標題的資訊，我們每天或多或少都會看到一些。

先想想，如果允許自己被輸入這樣的資訊，你最終會獲得什麼？答案是，一團陡然而生的焦慮情緒。再想想，這樣的情緒對你有什麼用？能幫你更有效地思考嗎？能指導你更好地行動嗎？高機率都不能。

這是因為，很多試圖激起強烈情緒的資訊，其目的往往是利用我們的情緒獲得點擊量或閱讀量。發布者達成目的拂袖而去，卻在無形中奪取了我們的注意力。不僅如此，這類資訊還有一種危害，那就是讓我們繞開理性思考，做出非理性的判斷或決定。

你看，一個資訊源，如果只是為你帶來情緒上的波動，而不是促進你的理性思考或行動，那麼它背後高機率有不太好明說的目的——要麼希望奪取你的注意力以獲得點擊量，要麼希望以此「帶節奏」。無論哪一種，對你都無益。

所以不妨現在就想想，你每天接收到的資訊是不是包含震驚體或類似變體，常常讓你義憤填膺、妒火中燒，或者充滿焦慮？如果有，建議你不要猶豫，找出這些資訊源，並大膽把它們從你的列表裡刪除。

削減讓自己過於舒適的資訊源

除了削減利用你情緒的資訊源，削減資訊源的第二個方法叫做，削減讓自己過於舒適的資訊源。

這一點是我們從好友 Mien 身上獲得的啟發。有一次和 Mien 聊天，她說她會取消關注一些讓自己讀起來很舒服的公眾號。這讓我們很好奇，既然讀得舒服，那就繼續讀，為何要取消關注呢？

她回答說：「覺得舒服，意味著這些內容或觀點你已經很熟悉了，但同時也意味著沒有增量資訊，只是情緒按摩。如果接觸的資訊源都是讓自己很舒服的，那麼長期下來，我們就會疏於關注舒適圈以外的資訊，培養出某種惰性。」

仔細想想確實如此。很多熟悉或認同的資訊，固然能讓我們感到舒適和安心，但溫柔鄉自有其代價——就像 Mien 說的那樣，長期關注讓自己過於舒適的資訊源會培養某種惰性。更進一步說，這樣的惰性對我們思考或行動不利。

怎麼識別「讓自己過於舒適的資訊源」呢？一個簡單的辦法是，問自己一個問題：這則資訊能讓我獲得什麼樣的新知或啟發？比如，你讀了一篇文章，標題叫做〈高效能人士都會關注的五個細節〉或者〈上進的人都在遵循的十項法則〉，這時候問問自己：這篇文章給我帶來了什麼新知或啟發？如果你發現，這些資訊只是讓你覺得「沒錯，我就是這樣的高效能人士」或者「你看，我就是這樣上進的人」，它高機率屬於讓你過於舒適的資

訊源。

再比如，一個以早起為榮的人，還在關注那些天天說早起有好處的資訊源，高機率是在獲得自我認同；我之前創業時只看矽谷那邊的科技新聞，而不去看身邊發生了什麼，也只是在強化自己的認知偏見而已。

「讓自己過於舒適的資訊源」乍看似乎沒什麼太大的傷害，卻在不知不覺間占用了我們的時間和精力。而我們本可以用這些有限的時間和精力去獲取更豐富的資訊，繼而進行更全面的思考，採取更有價值的行動。

削減缺乏具體事實的資訊源

削減資訊源的第三個方法叫做，削減缺乏具體事實的資訊源。

何謂事實？事實指的是客觀存在，並可以被證實的資訊或情況。比如「水在標準大氣壓下達到零度會結冰」，這就是一個事實，不受個人感情、偏見或觀點的影響。但許多時候，我們獲取到的資訊只是偽裝成事實的觀點而已。比如，許多對大公司、知名產品和名人進行分析的文章中，都充斥著大量的觀點。這些文章搭配一些春秋筆法，讓人讀起來就像看小說一樣過癮，但實際上並沒有提供任何事實。我們如果把這樣沒有依據的觀點當作事實，就會造成許多決策失誤。

記得曾經有位候選人在面試時提到，他把某產品論壇上所有我們這個線上問診平臺的分析帖都看了一遍，認為我們有幾個地方最值得改進，比如不需要讓用戶選擇是否複診，問診人資訊要求過於詳細，處方有效期太短等等。

但事實上，這些看似不合理的設計，並不是我們視而不見，而是法律法規要求如此。那些論壇上的所謂「產品分析者」，往往並不瞭解醫療行業，僅根據自己的經驗，結合表面的功能流程，就洋洋灑灑發表了一番觀點。就像那位候選人，他沒有進一步核對那些帖子究竟是事實還是觀點，就基於看到的資訊做出了進一步的推演，最終白費了許多力氣。

所以，如果一個資訊源中充斥著大量這樣主觀的「觀點」，鮮有具體的事實，那麼這個資訊源高機率並不可靠。

那麼，如何判斷資訊源中是否含有事實呢？你可以觀察裡面是否包含具體且長期的實踐，以及作者的判斷是基於上述實踐，還是粗暴的主觀判斷。比如，如果你有興趣讀鈴木敏文的自傳，你就能感受到事實的力量，像是下面這一段：

我曾讓工作在第一線的店鋪經營顧問前往加盟店調查麵包的備貨情況，發現受歡迎的麵包品種經常會銷售一空，處於缺貨狀態。如果在賣方市場的時代，這根本不成問題，因為顧客會選擇其他品種的麵包。但是，在買方市場的時代，消費者只會購買他們真正想要的產品。如果放任缺貨問題不管，將會反覆出現機會損失。這裡的機會損失是指「本來可以售出的產品，卻因為備貨不足而

喪失了銷售機會」。

所以你看，最厲害的思想家都是實踐者，一如王陽明、馬可・奧理略、李光耀等。也正是因為他們留下的資訊裡包含了大量親身實踐的事實，那些資訊才能穿越時間，被我們這些後人反覆揣摩，讓我們從中受益。

擁有具體的事實，一方面可以讓我們深入暸解一個事物，獲得新的認知，而不僅僅是知曉某個未經驗證的「觀點」；另一方面也可以讓我們根據這些事實，或交叉對比，或結合實踐，對其進行證明或證偽。只有這樣，我們才能在專家、權威等他者的背書之外，培養出自己對資訊源的評估能力。

如果你發現自己一直關注的資訊源中充斥著作者的主觀臆斷，而鮮少有事實依據，那麼請大膽將其刪除。

小結

常識非常識。提起獲取優質資訊源，大家的第一反應往往是做加法，增加新資訊源，但實際上我們不妨先做減法，削減資訊源。在削減資訊源時，請記得一句話：愈低級的資訊，愈是充滿了主觀判斷和結論，以此降低接收者的思考難度；而愈是高級的資訊，愈是充滿客觀事實，盡量避免下判斷，將判斷的任務交給接收者。

當然，削減資訊源只是手段，而不是目的。我們的真正目的是讓注意力得到保護，以便在經過篩選的資訊源中，找到更有價值的資訊。

建議二：
做加法，增加書本之外的優質資訊源

如果把削減資訊源的方法反過來看，我們也就得到了做加法，也就是增加資訊源的方法，即尋找那些有事實依據、能挑戰過往認知、讓自己不要過於舒適的資訊源。

對此，我想聰明的你早已意會，因為這些確實是樸素得不能再樸素的方法。所以本文不打算把上述內容再講一遍，而是想重點聊一聊，我們該如何獲取書本之外的優質資訊。

提到「獲取資訊的管道」，你的第一反應是什麼？是不是書本、論文等成體系的內容形式，而不是「書本之外的資訊」？其實這種現象十分普遍，因為我們花了至少十幾年的時間在學校裡學習，獲取知識最主要的途徑（即主要資訊源）都是書本，以及老師教授的課程。這種獲取資訊的習慣，在我們離開校園後繼續默默影響著我們。但其實，要想解決真實的問題，應對真實的挑戰，書本資訊並不是萬能的，其中也存在一些問題。

書本之外也有黃金屋

書本資訊存在的第一個問題是，不夠及時。稍微可靠的書籍，從開始寫到出版，至少要一年。如果你想獲取比較前沿的資訊，書本無法滿足你。

還記得二〇一〇年第一次拿到 iPad 的時候，作為設計師的我，完全不知道該怎麼在這種「大螢幕」上設計 App——是該橫著設計，還是豎著設計？是參考雜誌的設計左右分欄，還是把手機 App 放大一些？其實不只是我，當時全世界的設計師都在思考、嘗試、討論這些問題。而在那個時候，最優質的資訊源顯然不是書本——iPad 剛剛問世，不可能有已經出版的書籍供我們參考。

所以我和團隊採用了一個笨辦法，從 App Store（蘋果應用商店）把排名前一百的 App 下載下來，挨個分析設計思路，然後自己動手設計產品，抱著 iPad 在各種環境下做測試，比如沙發上、地鐵上等等。一次一次碰壁，一點一點改進。透過這樣摸索，我們占領了先機，多次獲得 App Store 的推薦。如果等到有相關書籍再去學習，我們恐怕早就被時代落下了。

書本資訊存在的第二個問題是，我們從書本上讀來的大多數是理論。但凡理論，都有適用範圍的限制。理論上，理論應該指導實際；但實際上，理論和實際總是不一樣。也就是說，理論知識未必符合實際。

舉個例子。我從事醫療行業的時候，聽一位著名的兒科醫師

講過一個發生在他自己身上的故事。一天，有位家長帶著孩子來看醫師。孩子的皮膚不知道怎麼回事，突然紅腫搔癢，家長帶他看了好多次醫師，用了各種藥，都是好了幾天又開始復發，始終無法治癒，於是被轉診到這位兒科醫師這裡。

兒科醫師仔細查看了孩子曾經的用藥，以及之前醫師的診斷。理論上說，之前的治療符合正常標準，不應該反覆發作，那到底是怎麼回事呢？會不會有其他可能？緊接著，這位兒科醫師仔細觀察了孩子紅腫的地方，發現集中在手腕、手肘、膝蓋部分。於是他問家長，最近孩子有在地上爬嗎？家長說，孩子經常爬出墊子區域，滿屋亂轉。他又問，你們家的地板最近使用過清潔劑嗎？家長說，最近換了打掃阿姨，她倒是經常清潔屋子。兒科醫師繼續追問了幾個細節，最後叮囑家長，一定記得讓打掃阿姨拖完地之後，再用清水拖一遍，因為問題可能出在清潔劑上。家長回去之後，讓打掃阿姨暫停了地板清潔劑的使用，孩子的皮膚問題果然沒有復發。

我們很好奇：為何這位兒科醫師能精準預測到孩子皮膚紅腫是清潔劑導致的？他說，治病不能照本宣科，必須聯繫實際情況，如果只是僵化地應用書本知識，而不去瞭解患者自身情況及其所處的環境，通常沒法徹底解決問題。這個清潔劑問題是他在遇到好幾次類似情況後總結的，而這種情況書上一般不會提及。

你看，上面這個故事裡，患者的家庭衛生習慣，是醫師做出決策的重要依據，而這個資訊是書本上沒有的。其實不只是醫師，

書本之外的資訊，是我們每個人都要關注的，它並非錦上添花的可選項，而是不可或缺的必選項。

那麼，怎樣才能獲取書本之外的優質資訊呢？以下兩個方法供你參考。

方法一：把他人作為資訊源，聽實踐者言

第一個方法是，把他人作為資訊源，聽實踐者言。簡單來說，就是聽那些真正實踐過的人們，講述他們所經歷的事實。

我自己就有一個真人名單，時不時會去找名單上的人聊天請教。比如遇到公司經營和投資問題，我就會去請教「有知有行」的創始人孟岩，因為他在價值投資領域和經營公司方面已經有十幾年的經驗。

我依然記得當時和 Light 猶豫要不要出來創業做 flomo，孟岩在他辦公室裡，給我們講了他創業的種種過往，以及如何看待我們這次創業，他對此的思考是什麼。正是這些資訊，讓我們對這次創業有了更多勇氣和信心，也知道了有哪些需要小心規避的事情──這是看再多書也得不到的資訊。

你可能會問，如何獲得這樣一份名單？其實首先要做的不是去添加好友，拓展社交圈，而是先花心思把問題準備好。因為即使你不認識相關領域的人，對於真正擅長的人來說，一個有挑戰的具體問題，極大機率也能激發他們的興趣。所以我建議你，先

把問題準備好，再發郵件或加微信求助，這樣做往往會有意想不到的收穫。

那什麼才叫一個好問題呢？舉個例子。你想知道如何在海外推廣產品，不要直接問對方：「你們怎麼做海外推廣的啊？」。你可以問得更具體一些，甚至可以先分享一些自己的觀點和經驗，比如：「你們在海外推廣產品時，主要用了哪些付費推廣管道、哪些免費管道？我們的做法是……你們怎麼看？」一個好問題，一方面要能提供豐富的背景資訊，另一方面要有清晰的邊界，愈具體愈好。

當然，來而不往非禮也，我們不能只索取不給予。針對這一點，我有一個小習慣——我會在獲得好答案的同時，也讓對方知道自己擅長的領域，以便成為對方的重要資訊源。千萬注意，別把對方當作搜尋引擎或者 ChatGPT 來使用。

把他人作為資訊源時，如果你想獲得更優質的資訊，還有三個要點需要注意。

第一個要點是，聽實踐者講述事實時，留意他在敘述過程中提及的細節。

你會發現，其實真正瞭解大局的實踐者並不會天天談論宏大的敘事。他們充分瞭解一個又一個看似枯燥的細節，並且通曉這些細節之間的微妙關係。如果有興趣，你可以去讀一讀巴菲特每年寫給股東的信。你會發現，他不是靠著踢踏舞、看報紙和喝可樂就成了股神，而是對整個投資市場瞭如指掌。他從枯燥的細節

中反思過去，並挖掘新機會。而對我們來說，這些充滿細節的事實資訊，遠比那些充滿戲劇性的宏大敘事更有啟發。

「把他人作為資訊源」的第二個要點是，聽實踐者講述事實時，重點聽他如何復盤失敗的經歷。」

一件事情的成功，需要天時、地利、人和，往往很難複製，或許連當事人都解釋不清楚。反之，一件事情的失敗，或許只是源於某個操作的失誤，而我們能透過這些經驗避免失敗，提高自己的成功率。正如查理‧蒙格所說：「最好是從別人的悲慘經歷中學到深刻教訓，而不是自己的。」

比如我們做 flomo，之所以堅決不融資，確保百分之百的獨立，便是因為見過太多剛開始很優秀的產品，因為融資而被資本綁架，最終導致動作變形，比如出賣用戶隱私換取廣告收入。後續看他們的復盤，都是後悔不該在沒有驗證商業模式的情況下引入資本。

「把他人作為資訊源」的第三個要點是，如果你暫時沒有機會跟一些名人面對面交流，在瀏覽有關這些人的資訊時，**盡量不要看第三方的敘述，而要看他們自己寫的文章或接受的訪談，確保拿到第一手資訊，而不是演繹過的。**

舉例來說，我長期關注的人有 Notion 的 CEO 趙伊（Ivan Zhao），Stripe 的 CEO 派翠克‧科里森（Patrick Collison），Hey.com 的 CEO 大衛‧海尼梅爾‧漢森（David Heinemeier Hansson），Stack Overflow 創始人約耳‧斯波爾斯基（Joel Spolsky，漢名周思博），長

青筆記的發明者安迪・馬圖沙克，人類學家項飆，哲學家王德峰、陳嘉映、劉擎等。我關注這些人的方式不是看第三方轉述，而是建一個表格，把他們的社交網站或訪談資料整理進去，定期學習這些一手資訊。如果你有興趣，也可以創立屬於你的關注名單，並整理關於他們的一手資訊。

方法二：把自己作為方法，下場去實踐

獲取書本之外優質資訊的第二個方法是，把自己作為方法，下場去實踐。

過去一說到獲取資訊，大部分人會想到書本，小部分人會想到他人，但極少有人想到自己。但其實，在對你來說最重要的事情上，你自己的實踐經歷，才是最寶貴的一手資訊。那麼，如何獲得這樣的資訊呢？主要有兩個途徑。

第一個途徑，去現場觀察。

回顧十幾年來的產品設計生涯，我發現許多有價值的資訊並非來自書本，而是源自我親身參與的現場調研。這也是為何日本管理大師稻盛和夫說：工作現場有神明。

舉個例子，7-11 創辦人鈴木敏文曾經分享過一個「夏季關東煮，冬季冰淇淋」的故事。根據常識來看，夏天那麼熱，誰吃得下關東煮？冬天那麼冷，誰還愛吃冰淇淋呢？所以許多便利商店在天暖時把關東煮撤下，在天冷時減少冰淇淋供應。

如果不去現場，大家會覺得這一切都很合理。但只要夏天在辦公室待過你就會知道，因為一直開著冷氣，人的身體會發冷，所以會想吃熱東西；而到了冬天，由於辦公室一直開著暖氣，人反而會渾身發熱，吃個冰淇淋也不是什麼離譜的事。正是這種在現場的觀察，讓 7-11 能反其道而行之，提供「夏季關東煮，冬季冰淇淋」的服務，開拓出了新市場。

　　當然，去現場不是隨便看看，而是要秉承豐田管理模式中提到的「三現主義」，即要到現場去，親眼確認現物，認真探究現實是什麼——想想名偵探柯南，或許你就能理解去現場的意義有多大、要求有多高了。

　　第二個途徑，skin in the game，投入時間，投入金錢，讓自己有「切膚之痛」。

　　第一次創業前，我看了很多關於創業的書籍、課程。本以為自己準備得差不多了，但縱身一躍我才發現，那點書本上的知識根本不夠用。就拿最基本的來說，創立公司該去哪家銀行開基本戶？這個問題在我看過的創業書籍裡都沒有提到，卻是必須解決的。當然，這只是開始，隨著創業的逐步深入，我進一步發現，到處都是分分秒秒「教你做人」的事情，但與此同時，我也收穫了許多在書本、課堂上學不到的知識。

小結

讀萬卷書，也要行萬里路。

在校園時代，我們獲取資訊的主要管道是書本，所以更要小心思維定式，不要把自己關在象牙塔裡，忽略了書本之外豐富的實踐知識。就像你不可能透過觀看游泳影片就學會游泳，你同樣也不可能透過觀看創業書籍學會創業。

只有主動請教他人、聽實踐者言，我們才能瞭解更多真實細節，知道要盡量避開哪些坑；而在抵達現場、讓自己有切膚之痛時，我們才能更好地理解實踐者們所說的那一切。

建議三：
做乘法，用多重視角看待資訊

前文提到，為了獲取優質資訊，我們可以做減法、做加法。這樣做了之後，你會拿到更多真正的優質資訊，但這時候你會發現一個新問題：面對同一條優質資訊，不同的人獲取的資訊量並不相同，這是為什麼？

其中一個關鍵區別在於，這個人會不會「做乘法」。會做乘法的人，可以從一則資訊裡獲取 N 份價值，達到 1×N 的效果。而 N 的大小並不取決於資訊本身，而是取決於獲取資訊的人擁有多少看待資訊的視角。

為何視角有這麼大的價值？我們先來看一個例子。

曾經有段時間，我想創業開一家線上便利商店，但苦於沒有相關的運營、管理經驗，不敢盲目開店。思來想去，我決定去應聘一家知名連鎖便利商店的店長，認真學習一下如何經營一家要運營眾多商品的店鋪。

　　一番面試後，我被通知和一些來實習的年輕人一起去參加儲備店長培訓。培訓過程中我就發現，面對同樣的資訊，一個人擁有的視角愈多，那麼他收穫的有價值的知識就愈多。

　　比如在學習如何使用關東煮機器時，如果只是帶著店員視角，那麼你獲得的可能只是如何給機器開火、如何清洗機器之類的知識；而如果你能同時為自己預設一個經營者視角，那麼你就可以透過觀察和提問獲取更多資訊。例如關東煮食材保存期往往比較久，這樣報損率才低；不同食材在滋味上要能相互促進，有的負責放味，有的負責吸味，這樣做出來才好吃；機器的操作步驟要非常簡單，不要求什麼廚藝，這樣才能降低招人的難度……

　　不僅如此，你還可以從供應鏈管理人員的視角看，關注每種食材的供應者是誰，成本有多少；你還可以從人力資源管理的視角看，關注如何採用更標準化的機器來降低培訓難度等等。

　　你看，面對同樣的資訊，如果只擁有店員這一種視角，那麼你只能獲取極其有限的知識；而如果能從多個視角來觀察和理解眼前的資訊，你就能獲得 N 份知識。

　　你可能會覺得，擁有多元視角固然有益，但轉換視角並非易事。確實，就像並不是會背微積分公式就能熟練應用那樣，轉換視角也需要我們不斷練習。以下是三種常見的練習方法，希望可以幫你從 0 到 1，學會轉換視角。

方法一：考察概念

第一種轉換視角的方法是「向下看」，挖掘「地表以下」的資訊。其中很典型的一種應用叫做：考察概念。

關於考察概念這件事，Light 提過一個觀點：「即便是簡單的資訊，一旦對其進行概念層面的考察，我們也可能會發現，自己其實對它一無所知。」

舉個例子。Light 曾經和團隊成員一起排查某業務的潛在風險，討論到某個風險點時產生了爭議——A 認為風險很小，B 則認為風險很大。Light 聽他們爭論了一會，終於聽懂爭議點：那個風險發生的機率很小，但風險發生後的危害極大。A 和 B 雖然同樣使用了「風險」這個概念，表述的卻是不同的涵義，A 想表達的是發生的機率，B 想表達的是發生後的危害。界定清楚概念後，他們明白了原來自己和對方並無衝突，反而互補了事實。

所以，每一次將模糊的概念界定得更精確，我們對客觀事物和客觀規律的認識就會更加深入，面對同樣的資訊，我們也能向下挖掘出更多有價值的東西。

比如二〇二三年年初，許多人都在探討「ChatGPT 是否會替代自己的工作」，相關資訊多如牛毛。如果只盯著問題的表面，我們心裡肯定恐慌。但其實在哲學家維根斯坦看來，我們應該先問「是什麼」，再問「是不是」。

維根斯坦所說的「是什麼」和「考察概念」很像。如果仔細

考察上述問題裡的概念，你會發現許多模糊的地方：

1.「ChatGPT」指什麼？是指 ChatGPT 這個應用，還是指 ChatGPT 背後的 GPT-3、GPT-3.5 或者更先進的技術？是專指以 GPT 為代表的 LLM（大語言模型），還是泛指 AGI（通用人工智慧）？

2. 替代什麼樣的「工作」？是行政人員、律師、作家、教師？還是程序員、導演、記者？這些工作有何異同？

3. 以什麼樣的「方式」替代？是直接碾壓式替代，還是漸進式替代？是徹底替代，還是只能替代一部分？

4.⋯⋯

如果不能清楚地界定這些概念，那麼一個人就算花再多精力去解答會不會被替代的問題，也很可能是緣木求魚。

讓我們繼續聚焦於 GPT 這個概念，GPT 本身是 Generative Pre-trained Transformer 的縮寫，指一種特定的大語言模型。這意味著它並不是先知，也不是搜尋引擎，而是根據機率讓所有的對話能「繼續」下去。瞭解到這一點後，我們就不應該指望二〇二三年年初的 GPT 能夠給出大量可靠的決斷，反而要考察它給出的答案是正確的還是胡編的。

進一步考察，我們會發現二〇二三年年初的 GPT 更像是一個聰明的本科大學生，可以像助理一樣幫我們提供參考資訊，但不能獨立完成工作。考察到這一步，我們也就不再那麼恐慌了，而

是要思考：這麼好的助理能幫我做什麼事？

你看，如果我們不搞清楚關鍵概念就行動，比如馬上創業，all in（全部押進）LLM，或者立即報名 ChatGPT 培訓班，看似努力，卻容易迷失其中。而如果提前把概念考察好，我們就會發現更多背後的資訊，發現一片新天地，提出更多好問題。

Light 曾總結說：「概念考察是任何有效思考的基石。」之所以這麼說，是因為只有帶著「向下看」的視角，對關鍵概念進行考察，我們才有可能挖掘出足夠充分的資訊，以支撐我們做出清晰的思考和可靠的決策。

方法二：尋找範式

第二種轉換視角的方法是「向上看」，抽象一層，尋找可遷移的範式。

何謂範式？簡單來說就是各個領域裡被大家公認的觀念、理論或方法。面對同樣的資訊，如果能帶上「尋找範式」的視角去看待，你會發現，很多資訊看似和自己關係不大，卻也能帶來寶貴的啟發。

舉個有趣的例子。我們都知道，傳統動物園大多會把動物關在籠子裡定點飼養。在這樣的飼養模式下，動物們吃飽喝足就去睡覺了，這就導致觀看者的體驗不太好，很容易就看膩了，因此傳統動物園逐漸式微。

面對這個問題，一般動物園的解決思路是，引進新動物，增加新鮮感。但日本旭山動物園的經營者沒有這麼想，而是思考了另一個問題：如何讓已有動物展現出富有生命力的一面？

後來他們找到一個答案：請工作人員餵食的時候把食物藏起來。這樣一來，為了尋找食物，動物們便會上躥下跳，自然會展示出滿滿的生命力。不僅如此，為了防止動物厭倦，工作人員還要想方設法尋找新的藏食之處，讓動物捉摸不透。除此之外，旭山動物園還會不斷醞釀新的創意，持續推陳出新，最終成功轉型為「看不膩的動物園」。

如果在報紙或網頁上看到上述報導，你會有什麼反應？這家動物園看起來不錯？下次去看看？或者其他什麼想法？在 7-11 便利商店的創始人鈴木敏文看來，這套方法對經營便利商店頗有啟發。

之所以這麼說，是因為他關注到了這套方法背後的範式——用不變的「立場」搭配全新的「素材」。

鈴木敏文關注到，對旭山動物園來說，「傳達生命力」是不變的立場；而各種常換常新、快速起效的方法，就是「素材」。這對經營便利商店有什麼啟發呢？鈴木敏文認為，對 7-11 便利商店來說，不變的立場是堅持「站在顧客的角度」思考問題，而「素材」則是便利商店提供的不同服務和產品。

從這個角度看，便利商店與動物園有個共通之處。便利商店售賣的各種食物，比如便當或飯糰，也是「容易讓人生膩」的東

西，而且食物做得愈美味、精緻，顧客愈容易生膩；受旭山動物園的啟發，便利商店不僅要開發美味的食物，還要趕在顧客厭倦前開發出新產品，而不是躺在過去的功勞簿上睡大覺。[1] 後來，7-11 憑藉這樣的經營理念，扛住了一次又一次市場變化帶來的挑戰，成為全球便利商店領域的明星企業。

你看，一旦懂得尋找資訊背後的範式，我們就有可能在看似不相關的資訊中，提煉出更大的價值。

再舉個例子。今天，我們大多數人都知道「工廠流水線」是什麼意思，但你或許不瞭解它是怎麼來的。其實流水線的廣泛使用，也和「尋找範式」這一轉換視角的方法有關。

二十世紀初，福特汽車的工程師威廉・克蘭（William C. Klann）去參觀位於芝加哥的斯威夫特屠宰場。他看到一頭頭牛先是被趕到一條輸送帶附近，然後被不同的工人按分工將其切開；一個流程完成後，送往下一個流程；從輸送帶下來的時候，整頭整頭的牛已經被分解為一塊一塊的牛肉——生產效率非常高。

參觀過程中，威廉・克蘭並沒有只關注屠宰場的生產過程本身，而是轉換視角，尋找可被遷移使用的範式。他意識到，牛的屠宰過程和汽車組裝過程很像，都是一個流程接一個流程，由不同工人完成。既然如此，汽車是否也能如此生產？福特汽車能否借用屠宰場的「流水線作業」模式呢？好消息是，他的想法被順

1.〔日〕鈴木敏文：《零售心理戰》，顧曉琳譯，江蘇鳳凰文藝出版社，二〇一五年出版。

利採納。從那以後，每輛福特 T 型車的裝配時間從原本的七百多個小時縮減到十二・五小時，生產效率大大高於同時期競爭對手，也因此開啟了一個新時代。

如果沒有尋找資訊背後的範式，那麼鈴木敏文和威廉・克蘭看到的也僅僅是表面資訊，而不會發現真正有利於解決自身問題的有用資訊。

知道了發現範式的重要性，接下來的問題是，怎麼才能發現有用的範式？

其實有個方法，我們在小學美術課上都學過，即在畫畫前，先把眼睛眯起來，忽略各種繁雜的細節，快速繪製大致形狀。獲取資訊也是如此。面對優質資訊，你可以先看它的主幹，調動已有的認知抽象出其關鍵要素。比如，無論是動物園還是便利商店，都是為顧客提供服務來獲取利潤的機構；無論是屠宰場還是汽車廠，都需要有不同的工人按照特定次序完成不同的生產環節……一個人的抽象能力愈強，尋找範式的能力也愈強，發現可遷移資訊的機會也愈多。

這裡需要小心的是，所謂尋找範式，不是學會某些「大詞」。我曾經面試過一位在大廠做公關的高管，他在面試期間不斷強調「全媒體策略」這個詞，規劃了各種公車、地鐵廣告，卻始終說不出到底要以什麼樣的頻次和密度投放，以及如何衡量投放結果。所以，唬人的「大詞」不是我們要尋找的範式，真正有用的方法或思路才是。

方法三：順藤摸瓜

　　第三種轉換視角的方法是「向四周看」，找到與你關注的資訊相關聯的關鍵線索。其中一種典型應用就是順藤摸瓜。

　　我曾經有個不好的讀書習慣，即討厭看後記、附錄、引文、注釋等「邊角料」資訊。後來我發現，無論是書、演講，還是文章，其中的每一則資訊都不是孤立存在的，而是嵌在一個更大的知識網路裡。而連結整張網路的，正是那些看似不起眼、曾被我看作「邊角料」的資訊。面對這些資訊，如果能順藤摸瓜去探索，我們會有更多收穫。

　　除了附錄、引文等資訊，我還會特別留意自己所關注的資訊中出現的「人」、「概念」和「事物」，把它們作為線索，順藤摸瓜，探索更多相關資訊。

　　舉個例子。我和 Light 最早決定全職投入到「Tools for Thought」（思維工具）這個領域開發 flomo，是因為被 Notion 的創始人趙伊（Ivan Zhao）的一篇訪談[2]所打動。他在訪談中說，自己沒有發明新東西，只不過是把許多電腦先鋒人物的理念實現了而已，而他口中的電腦先鋒人物包括「電腦先驅」、物件導向程式設計語言 Smalltalk 開發者的艾倫‧凱（Alan Curtis Kay），「電腦先知」

---

2. Design News, AMA: Ivan zhao, co-founder/Designer of Notion, https://www. designernews. co/stories/73315-ama-ivan-zhao-cofounderdesigner-of-notion, June, 2023.

泰德‧尼爾森（Ted Nelson）等。

一方面，順著他的推薦，我們探索了很多先鋒人物的事蹟，知道了他們如何思考自己所創造的工具，知道了現在大家熟悉的文件夾和文檔是如何從打字機和文件櫃演化來的等等——這些資訊直接影響了我們的產品設計。

另一方面，沿著這些人提出的「Tools for Thought」概念，我們找到了 Zettelkasten 這種筆記方法，也知道了尼克拉斯‧魯曼這個人；緊接著，沿著 Zettelkasten 這種方法，我們又發現了在此基礎上發展和迭代的各種筆記方法，比如長青筆記，並研究了這些方法的優勢和不同。

這還沒結束，沿著趙伊這個人，我們還發現了他的另一篇長文〈為何我們沒有發明革命性的工具〉。他在這篇文章中提到一個觀點：任何思維工具重要的都不僅僅是功能，而是改變人們的思維方式；而要改變人們的思維方式，不能只靠產品功能本身，還要有配套的「培訓」。這個觀點改變了我們過去十幾年開發產品的習慣，從只關注產品轉變為同時關注用戶的思維方式，不但啟發我們設計了 flomo101 這一幫助中心，甚至也促成了這本書的誕生。

你看，在那些真正高品質的資訊裡，往往還隱藏著更多高品質的線索。所以，下次遇到有價值的資訊時，除了理解資訊本身，你還可以試著跳出來，找找其中隱藏著哪些值得追蹤的新線索，順藤摸瓜，讓一份資訊發揮 N 份價值。

電腦先驅艾倫‧凱說：「視角轉換，等價於增加八十點智商。」

如果我們只有一個視角，那麼所有資訊只能提供一份價值；而當我們學會用更多元的視角去看待資訊，比如懂得向下看，考察具體概念；向上看，尋找可遷移的範式；向四周看，順藤摸瓜尋找相關資訊，那麼我們就像掌握了乘法一樣，可以讓自己在一份優質的資訊中獲取 N 份價值。

記住哈維‧費爾斯通（Harvey Firestone）說的那句話：「如果一個人的全部資訊都局限於他的工作領域，那麼他的工作不會做得很好。一個人必須有眼光，他可以從書籍上或者人們身上——最好是兩者兼有——培養眼光。」

心法篇
PART 4

以我為主，持續不斷

以我為主

知識那麼多，究竟該積累什麼

前文〈應用篇〉、〈記錄篇〉、〈蒐集篇〉分享了如何用筆記、如何做筆記、如何蒐集高品質資訊的方法和建議。但我和 Light 深知，以上內容只能為你提供有限的幫助，因為做筆記不是一件孤立的事情，而是和「你是誰」、「你要做什麼」、「你要積累什麼樣的知識」、「你能不能持續積累下去」等底層問題緊密相關。

換句話說，前文分享的是「方法」，但要想讓它們真正產生效果，我們每個人還需要修練好「底層心法」才行。接下來，我們就來為你分享做筆記或知識管理最重要的兩條心法：第一，以我為主；第二，持續不斷。我們先從「以我為主」開始講起。

有一次回老家，和一位親戚聊起彼此最近在做什麼，他突然告訴我，他在考造價師，然後還拿出一疊資料，說最近一直在背這些東西。我問他：「為什麼要考這個，之前的淘寶店不開了嗎？」

他神祕兮兮地告訴我：「朋友說只要能拿下這個證書，就可

以掛靠在別的公司，有人給交社保不說，每年還能拿到好幾萬塊錢，身邊好多人都報了班考這玩意。最近生意不好，先考個證書試試。」

這種用過即棄的知識，值得積累嗎？

無獨有偶，近年來身邊朋友的知識焦慮愈來愈嚴重，不少號稱「躺平」的人都紛紛活躍起來，生怕被時代淘汰。但擺在他們面前的問題是：究竟是研究 Web3 的發展呢，還是先研究人工智慧的應用？或者看看產業網際網路（畢竟這不需要很強的技術背景）？又或者學學去小紅書做個人 IP、去小宇宙開播客？

新知識那麼多，到底該在哪方面進行積累呢？

我在十多年前有過一次類似的危機。彼時我剛進入網際網路行業，並不知道一個網際網路產品經理該做什麼。身邊的人都會編程，自己要不要學一下？曾經賴以為生的 UI 設計知識是否還要繼續補充？數據分析看起來更重要一些，但導師也提醒自己要加強溝通和協作能力，該怎麼選擇？將來想創業，業餘時間要不要再去看看創業相關的知識？

我試圖吞下所有的知識，最終卻毫無意外地迷失其中。

別人的地圖，沒有自己的航向

一個人做筆記或者說管理個人知識的時候，最重要但又最容易被忽視的一個問題，是該積累什麼方面的知識。

　　舉個簡單的例子。我們在世界上生活，往往有多種不同的身分，這導致我們需要積累的知識看起來五花八門：身為一名產品設計師，需要積累設計相關的知識；身為一個小團隊的主管，需要積累管理方面的知識；剛有了寶寶，需要積累嬰兒發育的知識；喜歡研究中國歷史，需要瞭解各種正史、野史；最近想買一輛汽車，需要積累汽車相關的知識……

　　這些知識看起來都有「用處」，但如果不搞清楚優先級，想一股腦全都掌握，那麼最終結果就會變得樣樣稀鬆。我們在運營 flomo 的社群時，就經常遇到這種情況：許多人感覺 flomo 用起來有困難，並不是因為他們不會用，而是知道怎麼用，卻不知道「我該用它記錄什麼」。

　　所以，做筆記最容易忽略但又最難的地方，不是工具難用，不是方法難學，而是不知道自己要去向何方。

　　這讓我想起十多年前的一件往事。當時 Light 想辭職去創業，我本能地說：這家公司不錯，在這裡雖然 XX 可能沒有什麼可學的了，但是你還可以學習 YY 和 ZZ 啊。而他反問了我一個我到今天都印象深刻的問題：「我為何要學習那些不重要的東西？」

　　為什麼要學？這個簡單的反問讓我感到震撼。十幾年的教育一直告訴我們「要認真好學」、「藝多不壓身」，導致我們默認要去學習所有能學到的東西，而沒有分辨自己是否需要、是否擅長。

　　斯多噶學派的先賢塞內卡說：「如果一個人不知道自己要駛向哪個港口，那麼哪個方向的風都不是順風。」

牆頭草，是因為「我」不夠強

仔細想想，我們許多時候拿的地圖都是別人塞給我們的。這張地圖告訴我們，「考公務員」這條路可以通往穩定的大道，「當老師」也能避開崎嶇的山路……但這些地圖上的標記，都只是現實社會灌輸的默認值。

很多時候，我們以為某個選擇是我們自己的選擇，實際上背後可能隱藏的是：

·內心的恐懼，因為這樣選擇比較安全，符合主流價值觀。

·內心的貪婪，因為某個「權威」的聲音許諾前方就是充滿財富的應許之地。

·思維的偷懶，不願意用力思考，只跟著人群隨波逐流。

無論是哪種情況，歸根結柢，都是「我」不夠強——沒有想清楚自己究竟要去往何方，沒有想清楚自己究竟要掌握哪些知識，沒有想清楚自己要將某種知識掌握到什麼程度。「我」不夠強，自然就只能隨波逐流、隨風飄揚，如一株牆頭草。

由於每個人的目的不同，「究竟該積累什麼知識」沒有放之四海而皆準的答案。但儘管如此，我們仍能提煉出一條普遍適用的公理，也是最重要的心法：以我為主，增援未來。

以我為主，增援未來

世界上最可怕的句型，莫過於「為了什麼而什麼」。比如「為了讀書而讀書」、「為了創業而創業」、「為了結婚而結婚」……無論什麼事情，被套上這個句式都會變得淺薄。

原來，純粹地做事情是不行的，做任何事都必然有一個額外的意義。任何意義，往往也有另外一個更高的意義。就如一條因果鏈——為何要打白骨精，因為要救師父；為何要救師父，因為要取經書；為何要取經書，因為……

自然，我們不能「為了做筆記而做筆記」、「為了知識管理而知識管理」。做筆記只是一個過程，目的一定另有其他。所以正本清源，我們做筆記，必須先想清楚究竟是為了什麼。不要為了積累而積累，為了記錄而記錄。

積累知識，核心是為了增援未來的自己。舉幾個簡單的例子：

‧卡爾‧林奈做筆記，是為了給大航海時代發現的諸多物種進行合理且唯一的歸類。

‧魯曼做筆記，是為了研究社會上紛雜的現象，以便將其納入其社會學理論框架。

‧大衛‧艾倫做筆記，是為了更有效地組織和管理待辦事項，提高生產力和工作效率。

‧彼得‧杜拉克做筆記，是為了幫助企業和個人更好地理解和應對快速變化的商業環境。

‧ Light 做筆記，是為了更好地對 flomo 的經營問題做出正確的決策。

‧ 我做筆記，既是為了寫這本書，也是為了給我的付費郵件組「產品沉思錄」積累素材。

你看，知識本身沒有價值，只有為我所用才有價值；重要的不是熟讀多少學科，而是能夠靈活運用多少知識；人是萬物的尺度，我亦是所有知識的尺度。這就是「以我為主」。

你積累的知識，有且只有一個用戶，即「未來的你」。你記錄的筆記，都是為了「未來的你」在需要時能方便地查閱和調用。如何判斷你積累的知識好不好？一個最重要的標準是「對未來的自己是否有所幫助」。這就是「增援未來」。

小結

如果我們沒有想明白做筆記是為了什麼，卻執著於挑選最好的工具、醉心於建構完善的結構體系、滿足於每日記錄數千字、熱衷於修繕數字花園，那便是陷入「為了做筆記而做筆記」的迷思，把過程當成了目的，自然也就容易捨本逐末、隨風飄揚，成為一株牆頭草。

以我為主，增援未來——任何有效做筆記的方法都逃不開這個公理。這八字箴言，便是做筆記的核心要義。

以我為主，審視知識

前文提到，成為「牆頭草」的根本原因是「我」不夠強，於是這樣的人會很容易被外界影響，什麼知識都想涉獵，一會研究元宇宙，一會研究個人品牌，一會學習做播客，一會學習剪影片，但最終卻因為精力的分散和漂移導致收穫寥寥。

病因既已清楚，解藥也就呼之欲出——隔絕外界的噪音，從「我」的現實情況出發。不是所有知識都值得積累，也不是別人覺得「厲害」的知識就值得積累，要弄明白「我」的真實需求和問題，然後重新審視需要積累什麼知識。

生有涯，知無涯

很多人可能覺得，我的真實需求就是積累更多的知識，愈多愈好啊。實際上，「多多益善」正是我們積累知識時要摒棄的首要迷思。

知識固然是好的，但現實是我們的時間和精力有限，如果不加篩選，妄圖掌握所有知識，那麼我們只會徒勞而無功。莊周曰：「吾生也有涯，而知也無涯，以有涯隨無涯，殆已。」

以投資理財為例，這是現代人難以迴避的一個問題。你真的要花費大量時間去學習各種金融工具、學會對企業做基本面分析、理解宏觀經濟和政策變化嗎？對大多數人而言，更為明智的選擇是，將資金託付給值得信任的基金經理，或者乾脆投到指數基金上；節省下你的寶貴精力，聚焦於主業的精進。

比爾・蓋茲和華倫・巴菲特在一次訪談中，被問到成功的祕訣是什麼，兩人極有默契、不約而同地回答：「專注」（Focus）。這勺濃濃的雞湯，我們要反過來看──能夠將有限精力專注於自己的領域，先決條件正是大量放棄了其他領域。

很多故事經常說，小孩子才做取捨，成年人全部都要。但現實中哪有那麼多既要、又要、還要？如果不做取捨，最終我們將會一無所獲──知識積累亦是如此。

知識雖好，莫要錯配

知識學不完，那用有限的精力去學點「厲害」的知識，是不是更好一些？

先來看看《莊子》裡一個微言大義的故事：「姓朱者學屠龍於支離益，單千金之家，三年技成，而無所用其巧。」簡單翻譯

一下：有一位朱先生，向支離益學習屠龍，花盡千金家產，耗費整整三年光陰，終於掌握屠龍之術，卻無處施展。

屠龍之術雖好，但世間哪有龍可殺？那位朱先生沒有從自己的現實情況出發，就盲目地追逐知識——作為結果，苦心孤詣學到的新奇技術，根本就沒有用武之地。

又如，「長期主義」被人們廣為追捧，被視作一種最佳實踐，但實際上長期主義仍有其先決條件——首先，你要能堅持到長期。如果一個乞丐食不果腹，卻熱衷於研究長期主義，這就錯配了。他對知識的熱愛當然值得讚揚，但恐怕他更應該先學習一些務實的謀生技能。

不要因為看上去酷炫，就去盲目學習；不要因為別人都說好，就去盲目學習；要始終聚焦於自己的現實問題和需求，以此為導向審視知識。

所以，很多時候我們不必學習屠龍之術，不要做研究長期主義的乞丐，而要多問問自己，當前的真問題是什麼，然後從自己的真問題出發進行學習。

知行合一，高效學習

如果脫離了自己的真實問題，那麼我們就缺失了最天然的學習動機，也就沒有了最自然的實踐機會，很容易轉向皓首窮經的理論學習。那麼，理論學習的效果好嗎？

韓寒的電影裡有一句著名的臺詞：「聽過很多道理，依然過不好這一生。」聽過並不等於知道，知道並不等於能做到。

　　聖人王陽明講：「知行合一。」知道這四個字的人很多，但真正能做到的寥寥。這簡單的四個字，本身就是「大道至簡，行之惟艱」的最佳詮釋。可以說，世界上最遙遠的距離，就是知與行的距離。

　　為什麼知與行的距離如此之大？因為如果只從書本上學習，我們會缺乏相應的實踐，知識的吸收效率非常低——並不能真正理解其內涵，也無法留下深刻的印象。自然，當未來真正要用到時，我們也就很難有效調用。

　　事實上，知行合一不僅僅是一個目標，更是一種追求目標的方法。

　　．作為目標去追求：知道還不夠，還要做到知行合一。
　　．作為追求目標的方法：結合實踐的學習，才是最有效的學習，知行合一。

　　讀一百篇產品經理的心得，還需親身做一個產品；看十部青春戀愛偶像劇，還需親身談一次戀愛；聽師父講一年殺豬的方法，還需親身殺一頭豬。

　　理論學習固然重要，但若脫離了實踐，難免成為紙上談兵；只有結合親身實踐，與理論知識互相補充，我們才能真正牢牢掌

握相關的知識。

奇妙的是，如果我們能夠「以我為主」，以自己此刻的真問題為導向去學習，不僅有助於改善自己的現實情況，而且自帶了實踐的機會，這本身就是最有效的學習方法。透過大量的親身實踐獲得回饋，然後讓回饋與理論知識相互補充驗證，我們的經驗值會不斷提升。

小結

時間有限但知識無限，我們必須勇於放棄，才能專注精進。任何知識都有使用場景，不要盲目遵從外界的標準，要始終以我為主。

以我為主的學習，必定包含了實踐的機會，只有這樣學習，我們才能更高效地掌握知識，知行合一。

建構你的提問機器

前文提到,審視知識能讓你知道哪些該學,哪些不該學。更進一步來說,要想知道哪些該學,哪些不該學,在獲取知識之前,你要有自己的實際問題。

本書許多地方都提到要借助「實際問題」去記錄、分類、回顧。許多人覺得,自己好像沒有那麼多問題,怎麼辦?其實,沒有問題本身這個問題,可能是因為我們所處的環境中缺少一架「提問機器」。

什麼是提問機器

什麼是提問機器?簡單來說,就是指我們所處的某種做事的環境,這種環境可以源源不斷地提出待解決的問題。

看起來似乎沒什麼特別,其實不然。這架機器的特別之處在於:首先,它會提出各種實實在在的具體問題,這些問題和我

們的工作、生活息息相關，而非空洞的概念。其次，它會在我們解決問題的過程中不斷提出新問題，推動我們不斷獲取新知識。最後，這架機器提出的問題，能讓我們透過實踐去解決、去驗證，讓我們的行動產生真正的價值。

舉個簡單的例子。我在之前的公司負責線上問診平臺的運營，每天都要遇到各種問題，比如：網際網路醫療的最新發展問題、醫藥的政策研究問題、網際網路醫療平臺的競品分析問題、雙邊交易平臺的理論研究問題、醫師運營的未來規劃和工作安排問題、藥品供應鏈的改善問題……

我當時所處的公司環境以及所負責的業務，就是一架提問機器。這架機器推著我不斷向外尋找更多新資訊、新知識；同時因為這些問題源於具體實踐，所以我有機會驗證自己獲取和記錄的新知識對於解決問題是否有效。這便是「提問機器」的價值所在，它不但提供努力的方向，也提供實踐的可能。

提問機器消失的危機

分享一個我的提問機器「消失」導致危機的故事。二〇二二年，我剛從上家公司辭職出來，開始全職做 flomo。彼時，flomo 尚處最初開發階段，在完成設計後，大多數寫程式工作都要由 Light 完成，那段時間我自己就閒了下來。

按理說空閒時間多了，我可以有充分的時間充充電，但突然

間，我不知道該學習什麼知識了。這聽起來可能有些矯情，畢竟那個時間段正好是 Web3 和元宇宙的風口期，看似有許多新知識可以學，為何我突然不知道該學什麼了呢？

回顧那個階段，我其實並沒有懈怠，反而是吸收大量的資訊，認真記錄與整理，花費的時間比之前在公司還長，每天都很疲倦。但我有一種奇怪的感受——自己就像一個不知道愛吃什麼且還不餓的人，被丟到了一個自助餐廳，雖然有許多東西可以品嘗，但都無法激起我的食欲，即便我試著吃了一些，但還是覺得差點什麼，食之無味。

於是我便停了下來，開始站在旁觀者的角度看待自己的狀態。視角一變我突然發現，問題很簡單：自己辭職後，離開了原本的工作環境，所以此前那套基於具體實踐不斷提出問題的系統突然消失了——換句話說，我的提問機器沒有了。

沒有了提問機器，我就沒有了自然湧現的問題清單，再加上缺少實踐環境，無論看再多東西，掌握多少方法，我也無法透過實踐去驗證，只能獲得比較淺層的理解，於是陷入了「不知道學什麼」、「學什麼都提不起精神」的危機。

如何重新設計提問機器

好在，我們可以重新設計提問機器。具體來說，我們可以重新思考自己所處的環境，透過提出一個長期而又具體的問題，來

重啟並優化提問機器。

　　我當時對自己提出的問題是：如何讓 flomo 為更多人帶去有價值的幫助？這個問題足夠長期，三年後再看，我依舊沒有找到最終答案，但它一直引導著我一步步探索；這個問題也足夠具體、聚焦，確保我的精力不會被其他問題分散。

　　有了這個問題後，結合本書第二部分講的 I.A.P.R 法，我把自己的關注點從之前的網際網路醫療、交易平臺轉移到了思維工具的設計、營銷及品牌等領域；透過做減法，放棄了對醫療政策等問題的研究，把交易平臺等暫時無法實踐但又很感興趣的領域轉移到「興趣模組」，有精力了看一看，沒精力了暫時先放著也無妨。

　　確定好領域後，我開始明確地知道該記錄什麼，不該記錄什麼。一方面，我不再因為朋友發來各種資訊而焦慮，擔心自己是否落伍；另一方面，我開始主動尋找、請教在思維工具領域有經驗的前輩。與此同時，我開始記錄大量的實戰經驗，確保新學到的知識能被應用到實踐中去，不斷地驗證、復盤，發現問題、解決問題。

　　就這樣，一個新的提問機器重新形成，不但推動我們持續開發 flomo，也為撰寫這本書提供了素材。

做筆記的出發點，在於解決現實問題。而現實問題的提出，則需要從自己所處的環境、所做的事情出發去尋找。好的問題像北極星，能指引我們不斷探索答案。而沒有問題的各種積累，則像毫無目的地砌牆，讓我們白白浪費力氣。

截至今天，flomo 的開發還在繼續，我當年提出的那個問題（如何讓 flomo 為更多人帶來有價值的幫助）也還沒有最終答案。但正是這個長期而具體的問題，像北極星那樣不斷推動我繼續向前，不斷學習和實踐。

持續不斷

持續不斷的價值

除了「以我為主」，另一個重要的心法叫做「持續不斷」。

這個心法看似樸素，但依然值得明確提出來。這是因為，我們在日常觀察和調研中發現，許多人做筆記沒效果，真正的原因不是缺少新工具或新方法，而是沒有「持續做下去」。

一如本書提到的「用自己的話做筆記」、「用標籤為筆記分類」、「透過回顧持續刺激」等方法，它們並非「學習黑客」一樣的奇招異法，而更像基礎招式，需要我們不斷練習，持續做、反覆做，只有這樣，我們才能慢慢積累知識的複利。

打破知識管理的神話

提起做筆記或知識管理，總是有許多神話，比如「使用某個寶藏工具就好了」，或者「掌握某個厲害方法就好了」。事實真是這樣嗎？

我曾是個「工具控」，自二〇〇八年以來不知道用過多少筆記工具；我也學過很多方法，希望能打造一套完美的知識管理體系。我的書架上至今還擺著幾本花重金買的 MOLESKINE[1] 筆記本，當時的我希望這筆「沉沒成本」能讓自己堅持做筆記，但直到今天，裡面只有前三分之一寫了文字，後面都是大片空白。

　　工具是最新的，方法是最潮的，結果呢？可以說慘不忍睹。因為無論是工具還是方法，我最終都沒有堅持下去，而愈是堅持不下去，我就愈是會給自己找藉口。沒辦法，畢竟逃避責任是人之常情，我們往往會將「沒有效果」歸咎於工具或方法有問題，希望能找到更好、更新的，於是不停重啟，再重啟，殊不知之前的積累也隨之付諸東流。

　　幫我從這個惡性循環中跳出來的，是前文反覆提及的德國社會學家魯曼。許多人認為他是卡片盒筆記的發明者，但實際上，他只是在生命即將結束的時候，在一篇文章裡提到過這種方法而已。

　　為何說魯曼幫我跳出了惡性循環？因為我發現，相比其他筆記方法，他用的方法非常簡單，簡單到只是寫卡片，然後把卡片放到木頭盒子裡。更重要的是，魯曼還做了另一件事，就是堅持使用這套方法，用了一輩子——雖有漸進式改良，但並無重啟。正因如此，他一生積累了約九萬張知識卡片，並借助它們寫出了

---

1. 義大利高端筆記本品牌。

五十多本書和大量論文。

　　魯曼帶給我的啟示是，方法和工具或許重要，但一個人要想透過做筆記或知識管理創造屬於自己的神話，更重要的是幾十年如一日地持續記錄，持續修練基本功。

持續不斷的重要性

　　愛因斯坦說：「複利是世界第八大奇蹟，知其者從中獲利，不知者為其買單。」做筆記也一樣，如果你想享受知識的複利，最重要的就是持續不斷地堅持下去。

　　我有一位忘年交，曹惠君。她是 301 醫院的博士、朝陽醫院的博士後，在心血管內科方向工作了二十多年，在患者中的口碑一直很好。曹醫師曾與我分享她是如何提升自己的診斷能力的。

　　早年間為了提高診斷能力，只要一有時間，她就對著顯微鏡看切片。她不是簡單地看看就完了，而是左眼看顯微鏡，右眼看紙筆，把看到的大致的組織形狀在紙上畫下來。

　　偶爾一兩次這樣做並不難，但她從早上五點半到晚上十點半，只要一有空就去看切片，每天如此，足足堅持了三年。三年裡，她看完了幾乎所有的切片樣本，也因此擁有了一雙「人肉顯微鏡」。

　　比如看到病人的小腿、踝部紅腫，一般醫師短時間內判斷不清楚原因，但她因為片子看得多，可以更快地知道很可能是哪種

細胞增多了，哪種代謝影響的，這些知識就像一張巨大的網路匯聚在她的腦海裡，既能幫她選擇正確的治療方案，也能讓患者更快痊癒，少走彎路。

記得她對我說，其實提升診斷水準並沒有什麼複雜的，只是很少有人能持續不斷地做這些看似簡單的事情。

曹醫師的故事並非特例，我自己在不斷做事的過程中，也實實在在地體會到了持續不斷的重要性。

我在二〇一四年開始創業，做一款圖片社交產品，你可以將其理解為美食版的「小紅書」，這需要我積累社區運營、產品推廣方面的知識。

但很快風口變了，社區賺不到錢，於是我放棄那個產品，開始嘗試精品團購，卻忽略了自己根本沒有團購業務的相關知識；到後來，我又發現做團購利潤太薄，不如做外賣賺得多，於是又開始學習外賣知識。我自以為足夠聰明，能快速學習各領域的新知識，但實際上，就拿外賣知識來說，僅供應鏈這一項就足以讓我深陷泥潭。

就這樣，三年下來，我不斷切換賽道，頻繁重新啟動，除了把融到的錢燒完以外，沒有積累起任何一個領域的系統知識，以至於當時關閉公司後，我都不知道該去找一份什麼樣的工作。

但也正是這長達三年的挫敗，讓我意識到持續不斷的重要性，於是有了下面的故事。

自二〇一七年起，我開始維護一個關於產品的知識庫——

「產品沉思錄」，分享與產品有關的文章，每週更新一次，七年間幾乎沒有中斷，從未重啟。這七年的持續積累，為我帶來了什麼價值呢？

・不但幫我解決了工作上的許多問題，還促使我整理出好幾套對外分享的課程。

・讓我有機會認識了許多各行各業的朋友，拓展了書本之外的知識。

・有的知識間接塑造了 flomo 的理念，有的知識成為寫作本書的原始素材……

其實我最想跟大家分享的不是這些價值，而是一件親身經歷過才知道的事情——這些價值不是在我做「產品沉思錄」幾天或幾個月之後就顯現的，而是從第四年開始，才陸續湧現出來。也就是說，如果沒有前三年持續不斷的積累，那麼我也無法享受這樣的知識複利。

小結

使唐僧成為唐僧的，不是經書，而是那條取經的路。

持續不斷，是做筆記非常困難的一關。不過別灰心，好消息是，前方的道路並不擁擠，因為堅持的人並不多。只要能持續不斷記錄，不出一年時間，你就能遠超身邊的大多數人。

打造持續不斷的系統

前文提到了「持續不斷」的價值，那麼，如何才能做到持續不斷呢？

過去我們覺得，要想長期做一件事情，就得靠意志力熬過去。但其實，意志力只能幫助我們一時，要想長時間地做好知識積累，更聰明的辦法是為自己打造一套「持續不斷的系統」。為何這麼說？先來看個故事。

想要持續不斷，你需要一套系統

讓我們把時間調回一九一一年，看看發生在遙遠南極洲的一場競賽。

競賽雙方分別是來自英國的海軍軍官史考特（Robert Scott）和來自挪威的極地探險家阿蒙森（Roald Amundsen），他們帶領各自的團隊，比賽誰先到達南極點。這並非一場完全公平的對決，

因為在阿蒙森決定去往南極點之前，史考特已經先行前進了兩個月。

但阿蒙森沒有因此氣餒或者盲目追趕，而是結合自身情況和實際環境，制訂了一個並不激進的前進計劃。比如他考慮到雖然馬在陸地上跑得快，但其耐寒性沒有得到極地環境的驗證，於是選擇了更可靠的雪橇犬；他考慮到極地生火條件差，於是選用了一種新型保溫杯裝食物，這樣大家不用生火也能吃到熱呼呼的東西；他考慮到探險之旅艱難而漫長，於是在途中規劃了三個同樣規格的補給站，並嚴格按規劃的位置建造……

除此以外，阿蒙森團隊在前進時，還會遵守嚴格的紀律——無論天氣如何，每天前進三十公里——這樣一來，隊員們遇到壞天氣不至於落後，遇到好天氣也不至於過度消耗體力。因為這不是短跑比賽，而是比馬拉松還要漫長的探險。

而他的對手史考特，除了個人想要成為到達南極點的第一人，還背負著「大英帝國的榮譽」，所以快馬加鞭，希望盡早抵達南極點。但這種必勝的激情和匆忙感，導致他犯了很多錯誤。比如他選擇了並不適合低溫行動的矮腳馬，還把第二個補給站建在了距離原目標六十七公里的地方。此外，他的隊員是根據天氣情況忽快忽慢地行進，體力消耗非常大。

或許你在許多地方看到過這場競賽的結局：後發的阿蒙森團隊因為按照計劃持續行動，比史考特更早到達南極點，並安全撤離；而史考特團隊卻起了個大早，趕了個晚集。更讓人唏噓的是，

史考特團隊在歸途中遇難，無一人生還。

　　你看，想要做成一件事，只靠意志力是不夠的——我們不能說史考特團隊就比阿蒙森團隊的意志力弱，他們之所以失敗，並非敗在意志力，而是敗在沒有搭建一個足以支撐團隊日拱一卒、持續不斷行動的系統。

　　積累知識也一樣，要想真正把記過的筆記用起來，我們也需要為自己打造一套持續不斷的系統。

設計系統的三個要素

　　那麼，我們該從哪裡入手設計系統呢？其實可以從以下三個方面來思考：

　　1. 控制主觀意願，讓自己願意堅持。

　　2. 設計客觀環境，讓自己容易堅持。

　　3. 根據價值觀管理時間，讓自己能夠堅持。

一、控制主觀意願

　　要想設計持續不斷的系統，我們需要關注的第一個要素是「主觀意願」。這一點很好理解：如果你從心底裡厭倦做筆記這件事，那麼你很可能堅持不了幾天就會放棄；而如果你能始終對記筆記充滿熱情，那麼你會更願意把這件事一直做下去。如何保

持熱情呢？你可以試試以下兩種方法。

（1）不要讓自己的欲望得到滿足。

對於如何持續地做一件事，我們的導師王建碩曾經提出過一個有趣的思路：設置上限，不要讓欲望得到滿足。因為欲望（比如寫作、讀書、畫畫、吃東西等欲望）就像火苗，需要被小心呵護，才不會輕易熄滅。

舉個例子。如果想透過做筆記積累知識，那麼我們就不該以完美的自己為標準，設置一個難以企及的目標，比如要求自己日更幾千字，或者每年讀上百本書。相反，我們應該設置上限，讓自己每天記錄或讀書的數量盡量不超過某個值，比如每天寫三張卡片或者讀兩頁書——就像阿蒙森團隊每天前進的距離一樣，以最差的狀態為參照來設計目標，留出餘裕。這樣，在精力不夠的時候，我們可以因為目標不高而繼續堅持；而在精力充沛的時候，也不至於一下子耗盡熱情。

你看，「確定好目標之後，應該竭盡全力去完成」似乎是大多數人的共識，但我們做許多事情都是剛開始熱情高漲，堅持不了多久就草草收場。當達到一個目標需要的時間足夠漫長時，「衝鋒」並不可取。就像我們要減肥，不能指望連續鍛鍊一星期就把體重減下來——這樣做除了會讓我們產生強烈的逆反心態，不會帶來任何其他好處。而設置上限，就是讓我們不要輕易去滿足那些「脈衝式」的欲望，這樣我們才能保持欲望的小火苗，有持續的動力去不斷積累。

（2）幾個方向前進，靈活切換重點。

如果說做筆記是為了增援未來的自己，那麼我們如何知道現在的積累就是未來所需？如果不能確定這一點，我們做筆記的主觀意願就會降低。如何解決這個問題？

其實我們可以借用投資領域的一個方法：不要將雞蛋放在同一個籃子裡。換句話說，我們最好能同時面向幾個不同的方向積累知識，分攤風險。比如除了你的核心領域，你還要尋找一些其他感興趣的方向，持續積累知識。這樣一來，面對未來無法預知的變化，你心裡就可以少一些焦慮，多一些安定。

除此之外，同時面向幾個不同的方向積累知識還有一個好處，那就是可以讓我們有機會切換重點。比如，在一個方向上遇到困難、難以前進的時候，我們可以轉而深耕另一個方向，而不至於陷入泥淖無法自拔。等到未來有機會，我們還可以回到原來的方向繼續解決問題。這就像「輪作」一樣，對保持我們積累知識的主觀意願非常重要。

二、設計客觀環境

除了在主觀意願上保持小火苗，要想設計持續不斷的系統，我們還需要關注第二個要素：客觀環境。

我們都是環境的反應器，做什麼、怎麼做、做到什麼程度，都與環境強相關。因此，為自己設計一個良好的客觀環境，是持

續做一件事非常重要的方法。

Light 分享過一個他為自己設計寫作環境的例子。曾經有段時間，他打算恢復微信公眾號的更新，並且希望保持週更，但沒過多久他就放棄了。因為他發現，靠意志力堅持更新實在太難了。意識到這一點之後，他沒有再強迫自己動用意志力堅持更新，而是重新設計了自己的寫作環境。

具體是怎麼設計的呢？首先，他把寫作分成了兩個流程——第一個流程是，先把自己的想法以每篇兩三百字的篇幅寫出來；第二個流程是，積累一段時間後，再把部分相同主題的內容編輯成公眾號長文發布。其次，他把第一個流程產出的內容放在了自己的小報童專欄裡，請用戶付費訂閱。

新的寫作環境和之前有什麼不同？有兩個部分的改變：一是降低了內容生產成本，二是提供了良性的壓力。

先來看內容生產成本。在以往的寫作過程中，Light 需要同時扮演兩個角色——作者和編輯。但其實，兩者的關注點不同，作者更關心自己的想法有沒有表達出來，而編輯更關心遣詞造句和篇章結構。如果一個人同時扮演兩個角色，還要頻繁切換，那麼他就不容易聚焦於任何一個角色，因此要耗費很高的內容生產成本，比如時間、精力、腦力等。

而在新的寫作環境裡，Light 把這兩個角色設計到了兩個流程裡：寫付費專欄時，他主要扮演作者角色，負責暢快表達；而寫公眾號時，他主要扮演編輯角色，負責精心修剪。這就降低了頻

繁切換角色造成的內耗，也降低了內容生產成本。

再來看「良性的壓力」。從常識來看，寫微信公眾號的回饋一般只有閱讀量和留言，如果一個人花了大力氣去寫文章卻沒多少人閱讀，那麼他自然很難堅持下去。而付費專欄就不一樣了，因為收了讀者的費用，哪怕沒有幾個人訂閱，Light 也會產生一種持續履約的義務——這是一種良性的壓力，讓他有持續不斷的動力去更新小報童裡的內容。

關於設計客觀環境，Light 曾這樣總結：「出淤泥而不染，濯清漣而不妖——這是極少數情況，需要依託於極其強大的意志力。但意志力是有限的，持續考驗意志力也是痛苦的。好在，人始終有為自己選擇環境的自由，甚至為自己設計環境的自由。因為無論主流世界信奉什麼邏輯，你總是有機會為自己設計不一樣的環境。」

想一想，在做筆記這件事上，你可以為自己設計什麼樣的客觀環境，以確保自己可以持續不斷地記錄下去呢？

三、根據價值觀管理時間

有了主觀意願和客觀環境，要想設計持續不斷的系統，我們還要關注第三個要素：時間。道理很簡單，我們想成為什麼人，做什麼事，都不只能靠想像，而是要投入實實在在的時間。或許你覺得，這還不簡單？我每天設置好待辦清單，然後按計劃投入

時間就好了。但其實，這並不是最佳方法。為何這麼說？因為待辦清單是「要做的事情」，不是「一定會發生的事情」。即使列了很多待辦事項，如果沒有足夠的時間，我們也很難完成。比如稍微一加班，或者臨時來個聚會，待辦清單上的事情就會被推遲。

那要怎麼辦？我關注的一位行為設計領域博主，《鉤癮效應：創造習慣新商機》[1] 一書的作者尼爾·艾歐（Nir Eyal）有個有趣的觀點：用價值觀來規劃自己的時間塊，而不是在待辦清單上堆積更多任務。

什麼是規劃時間塊？就是把每天可自由支配的時間，以三十分鐘或者一小時為單位劃分為一塊一塊。這樣做的好處是，可以幫我們把抽象的時間具象為幾個明確的籌碼。當清晰地看到自己手中的籌碼時，我們就可以根據自己的價值觀把它們下注在重要的事情上——也只有這樣明確地投資時間，我們才能獲得具體的回報。

值得注意的是，無論我們多麼聰明，都不可能同時操作兩件事，這也意味著每個時間塊都只能做一件事情。所以，當你明確地將某個時間塊安排好以後，別人想要占用這塊時間，你就有充足的理由去拒絕。

其實這個方法並不難，知名投資人馬克·安德森（Marc

1.〔美〕尼爾·艾歐、萊恩·胡佛：《鉤癮效應：創造習慣新商機》，穆思婕譯，天下文化，二〇一五年出版。

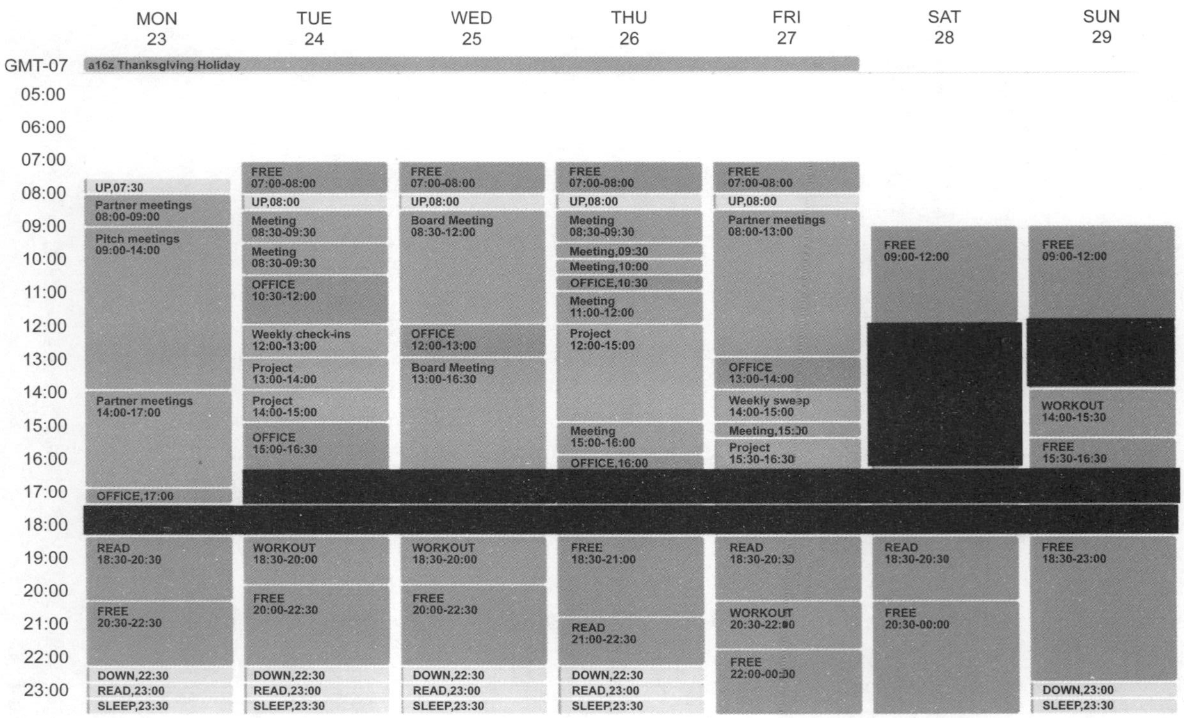

GMT-07

	MON 23	TUE 24	WED 25	THU 26	FRI 27	SAT 28	SUN 29

a16z Thanksgiving Holiday

05:00
06:00
07:00
08:00
09:00
10:00
11:00
12:00
13:00
14:00
15:00
16:00
17:00
18:00
19:00
20:00
21:00
22:00
23:00

MON 23
- UP 07:30
- Partner meetings 08:00-09:00
- Pitch meetings 09:00-14:00
- Partner meetings 14:00-17:00
- OFFICE,17:00
- READ 18:30-20:30
- FREE 20:30-22:30
- DOWN,22:30
- READ,23:00
- SLEEP 23:30

TUE 24
- FREE 07:00-08:00
- UP,08:00
- Meeting 08:30-09:30
- Meeting 08:30-09:30
- OFFICE 10:30-12:00
- Weekly check-ins 12:00-13:00
- Project 13:00-14:00
- Project 14:00-15:00
- OFFICE 15:00-16:30
- WORKOUT 18:30-20:00
- FREE 20:00-22:30
- DOWN,22:30
- READ,23:00
- SLEEP 23:30

WED 25
- FREE 07:00-08:00
- UP,08:00
- Board Meeting 08:30-12:00
- OFFICE 12:00-13:00
- Board Meeting 13:00-16:30
- WORKOUT 18:30-20:00
- FREE 20:00-22:30
- DOWN,22:30
- READ,23:00
- SLEEP 23:30

THU 26
- FREE 07:00-08:00
- UP,08:00
- Meeting 08:30-09:30
- Meeting,09:30
- Meeting,10:00
- OFFICE,10:30
- Meeting 11:00-12:00
- Project 12:00-15:00
- Meeting 15:00-16:00
- OFFICE,16:00
- FREE 18:30-21:00
- READ 21:00-22:30
- DOWN,22:30
- READ,23:00
- SLEEP 23:30

FRI 27
- FREE 07:00-08:00
- UP,08:00
- Partner meetings 08:00-13:00
- OFFICE 13:00-14:00
- Weekly swe-ap 14:00-15:00
- Meeting,15:00
- Project 15:30-16:30
- READ 18:30-20:30
- WORKOUT 20:00-22:00
- FREE 22:00-00:30

SAT 28
- FREE 09:00-12:00
- READ 18:30-20:30
- FREE 20:30-00:00

SUN 29
- FREE 09:00-12:00
- WORKOUT 14:00-15:30
- FREE 15:30-16:30
- FREE 18:30-23:00
- DOWN,23:00
- SLEEP 23:30

圖 4-1

Andreessen）也在用。上頁的圖是他的時間日曆，雖然上面只有「時間塊」，沒有十分具體的事項，但我們依然能從中看出他的作息規律，以及對他來說「長期重要的事情」是什麼。

歌德曾說，如果我知道你如何度過你的時間，那麼我就知道你會變成什麼樣子。

規劃時間塊意味著我們要優先考慮自己的價值觀，即我們想要成為什麼樣的人。如果你想成為一名畫家，那麼你必定有時間在練習繪畫；而如果你想做好個人知識管理、實現個人成長，那麼你必定有時間在做筆記。

小結

想要得到一朵鮮花，你必須先種下一顆種子，設置好溫度、濕度和光照，讓它自然地生長出來。

打造持續不斷的系統也一樣。希望你能從這裡開始，根據自己的實際情況，一步一步建構屬於自己的行動系統。

願我們都能：不疾不徐，繪製一條平滑但堅決向上的曲線。

附錄／工具篇
用 fIomo 積累你的知識財富

在這本書的最後，我們終於可以來聊聊，flomo 到底是個什麼工具。

最初規劃這本書的時候，我們不希望把它寫成 flomo 的使用教程，而希望其中的方法可以盡可能地通用，以降低你在不同筆記工具之間來回切換的成本。

但如果能配合 flomo 使用這套方法，或許你會有更多收穫。因為本書提到的筆記方法，我們都在 flomo 裡設計了對應的功能，更有利於你建構一個便於實踐的環境。

flomo 是什麼

flomo 是我和 Light 一起創造的一款跨平臺的卡片盒筆記工具。

這個工具很簡單，簡單到幾乎不支持主流的富文本編輯，不支持協作與共享，甚至不支持複雜的排版布局——連「輸入標題」

這樣常見的設計都沒有。如果用接地氣的話翻譯一下，flomo 是一個「只給自己看的微博」或者「加強版文件傳輸助手」。

附圖 1

　　或許你會說，市面上已經有那麼多筆記工具了，你們幹麼非要重新發明輪子，還做得如此「簡陋」？

　　這是因為，工作多年後我們發現，身邊許多同事缺少一套「有效做筆記」的方法，比如不知道該記錄什麼內容，大量收藏文章卻很少回看……這樣一來，大家遇到問題翻看過往筆記時，要

麼找不到，要麼找到了卻還得重新理解，還不如現場重新想答案。

從這個視角來看，這個世界上筆記工具雖然多，但大多數都是圍繞「文檔寫作」、「共享協作」、「剪藏保存」等功能來設計，鮮少聚焦於普通人對於個人知識積累與提取的訴求。

馬克思說：「哲學家們只是用不同的方式解釋世界，而問題在於改變世界。」如果只是討論問題，我們並不能解決它。於是我們擼起袖子下場做，創造了 flomo。

接下來我們為你詳細講講，flomo 可以怎樣幫你實踐本書介紹的這套「筆記的方法」。

用自己的話寫卡片

當你下載 flomo 並註冊、登錄後，你或許會感覺到，它和其他筆記工具不太一樣。因為在你面前的，是一張簡簡單單的空白卡片，它既沒有「標題」模組，也不支持什麼特殊的排版格式——看起來像是一個單機版微博？該不會就這麼「簡陋」吧？

試著記錄一則筆記的話，你會發現剛才的猜測是真的——它的輸入框不支持全螢幕，像極了聊天軟體；它不支持富文本，不支持 Markdown，甚至不支持標題，圖片只能發九張……

先別著急吐槽，容我們說說，我們為何要把 flomo 設計成這樣。

附圖 2

　　來看一組對比圖。圖 3 的左側圖片是常見的筆記樣式，標題、排版等功能一應俱全，而右側圖片是 flomo 設計的筆記樣式，其主體就是一個小小的文本框。

附圖3

　　仔細想想，面對一個需要填寫標題的空白文檔，你內心是什麼感覺？是不是對著「無標題」三個字就得想半天？想到標題後，你是否又會覺得，寫三、五十字對不起取標題花費的時間？這些隱形的心理壓力會讓你想要拖延，「等準備好了再記」，然後就沒有然後了。

　　說到這裡，你能猜到為何 flomo 如此「簡陋」了嗎？因為許多時候，「功能多」反而會成為記錄的干擾和阻礙。讓我們換個視角來看 flomo 的設計：

　　不支持全螢幕，只提供一個小「對話框」。一方面是為了讓你毫無壓力地記錄，記一兩句話都可以；另一方面是為了倒逼思

考，讓你用自己的話精煉核心內容。

不支持富文本，不支持 Markdown 語法，甚至不提供標題模塊，都是為了幫你避免因為排版分散精力，讓你專注於純粹的記錄。

這並非偷懶，而是把功夫用在我們認為更重要的地方。比如在放棄了複雜的編輯器後，我們在 flomo 記錄的便捷性上下了許多功夫：

支持電腦／平板／手機／網頁等幾乎所有主流設備及操作系統，不但免費同步，且沒有客戶端登錄數量限制，還支持離線使用，方便你在更多場景下方便地記錄與提取。

除了支持眾多平臺，flomo 還支持從微信中直接記錄。想像一個場景，你無須打開 flomo App，就可以把微信聊天時受到的啟發，透過微信對話框快速記錄到 flomo 裡。[1]

有了上述便捷性，再遇到有價值的資訊，你就不必花費太多時間、精力、腦力啟動「記錄」這個動作，而是可以立即尋找對自己有啟發的部分，然後用自己的話記錄。用自己的話記錄時，你也不需要展開長篇大論，用三、五十字快速記錄一下就好。

這樣一來，即使以前沒有做筆記的習慣，現在你也可以做到每天記錄三、五張卡片。

---

1. 用戶綁定 flomo 的微信服務號，透過服務號輸入內容，即可同步到 flomo App。

附圖 4

　　別小看這個轉變。許多 flomo 用戶持續使用一個月後驚喜地
發現，自己不但能輕鬆記錄幾十則有價值的內容，累計字數過萬，
而且由於記錄時進行了更多思考，自己對所記內容的印象會更深，
遇到問題也更容易回想起來。

　　任何宏大的事情，都源自一個微不足道的開始。

善用多級標籤分類

解決了記錄壓力大的問題，我猜你很快會有第二個問題：該怎麼給這些筆記分類呢？

你看了看 flomo 的主界面，發現這傢伙真奇怪，沒有傳統的文件夾（或者筆記簿）功能，而是提供標籤功能，並且這個標籤功能不太一樣，可以像文件夾一樣折疊和展開。

其實這是 flomo 特有的一種分類方式——多級標籤。我們之

附圖 5

所以選擇做「多級標籤」，是因為它既能保持標籤的靈活性，又給容易分散的標籤加上了文件夾一樣的層次功能。

先來看看傳統文件夾的問題。打個簡單的比方，文件夾就像收納箱，每個物品（文件）只能放在特定的箱子裡，雖然層次清晰卻有明顯的局限——你不能把同一個物品既放在 A 箱子裡，又放在 B 箱子裡——許多時候這是造成我們分類困難的主要原因。你可能覺得，筆記和普通物品不同，可以被複製成 N 份，所以可以實現「既放在 A 箱子裡，又放在 B 箱子裡」。但這會帶來更大的問題—— 一旦筆記有改動，你都需要付出 N 倍精力逐一修改。

而標籤就比文件夾方便許多，因為標籤就像貼紙，我們可以給一個物品貼上多種顏色的貼紙，然後根據顏色找到目標物品，方便靈活。但傳統標籤亦有問題，比如許多人會給一則筆記加上過多的標籤，造成分類混亂——這也是許多人覺得標籤難用的主要原因。

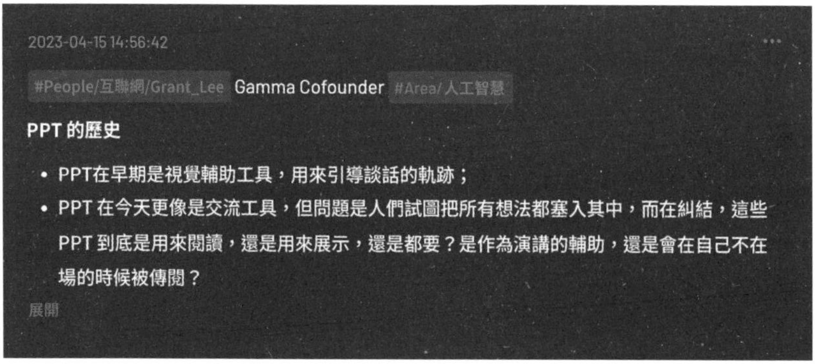

附圖 6

從實際使用角度來看，我們認為標籤比文件夾更具優勢，因為它更靈活，還能幫大家更方便地建立筆記之間的連結。但如何解決容易混亂的問題呢？

其實，許多人之所以覺得用標籤容易混亂，是因為多數筆記工具僅提供平級標籤功能，導致本是不同層級的標籤混在一起，又多又亂。所以我們做 flomo 的時候就設計了「# 標籤 / 子標籤 / 孫標籤」這樣的多級標籤。

在 flomo 裡，你可以用「# 標籤 / 子標籤 / 孫標籤」這種格式創立多級標籤。比如下圖是我的一則筆記，其中一個多級標籤是「# People / 網際網路 / Grant_Lee」。它雖然帶有三個層次的資訊，卻只是一個標籤，只需一個「#」而不需要三個，這就大大減少了標籤數量。

不僅如此，由於多級標籤自帶層級，加得多了以後，我們就可以在 flomo 左側看到像文件夾一樣可以折疊和展開的層次結構。

比如一旦我為某則筆記加上「#Area / 人工智慧」標籤，那麼 flomo 左側就會自動生成層次結構，像右圖這樣。也就是說，當我們把「Area」展開後，可以

附圖 7

看到「人工智慧」這一子分類，以及其他與其同一層級的子分類，
比如「創業」、「知識管理」、「投資」等。

這樣一來，我們就可以透過這樣清晰的層次結構快速找到過
往的筆記。

有了多級標籤以後，還有一個問題需要解決。因為人類大腦

附圖 8

的記憶能力有限，如果層次多、標籤也多，那麼我們做筆記的時候還是很難精準地加上標籤名稱，所以我們特地在 flomo 裡做了「標籤自動匹配」功能，你只要記得任意層級的標籤名（或關鍵詞），就可以透過「#」這個符號加關鍵字，將精準、完整的標籤「召喚」出來，就像下圖這樣。

附圖 9

多級標籤與自動匹配相結合，既能讓我們搭建像文件夾那樣清晰的層次結構，又能讓我們享受用標籤分類的靈活與自由，還能幫我們避免標籤過度複雜或混亂。

比如我雖然有接近二千則筆記、四百多個標籤，但第一層級只有八個「主標籤」。在需要查找特定內容的時候，我可以透過如文件夾一樣的層次找到細緻的分類。而在做筆記或回顧筆記時，我也可以靈活地為一則筆記添加多個標籤，為未來提取筆記增加線索。

很多用戶曾問，在 flomo 裡加標籤，究竟該把標籤放在筆記頭部還是筆記尾部？其實這就像甜豆花和鹹豆花、甜粽子和鹹粽子一樣，並沒有一個定論，選擇你喜歡的方式就好──甚至不少人還會把標籤當作正文的一部分，嵌入自己的筆記裡。

持續不斷回顧

解決了記錄壓力和分類問題，還有一個普遍問題值得關注：很多人需要用筆記的時候，依然想不起自己記過什麼。究其原因，很可能是因為他們漏掉了一個重要動作──持續回顧筆記。具體該如何回顧呢？

為了解決這個問題，我們在 flomo 裡設計了「每日回顧」功能──如果使用這個功能你就會發現，每一天，它都會隨機或根據你的某些自定義條件，為你推送一組你記過的筆記。這樣一來，

你就可以像批閱「奏摺」一樣回顧過去記錄的內容，和過去的自己對話。

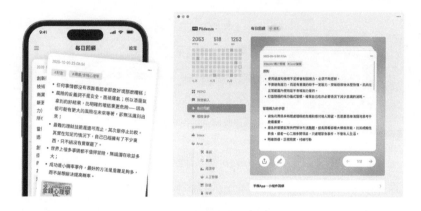

附圖 10

　　舉個例子。我每天都有一個重要的回顧「儀式」——早餐後花十至二十分鐘回顧過往的十二則筆記。為了避免錯過，我會設置一個 App 內的推送提醒，作為「儀式」的開始。雖然平均算下來，我只能花一分鐘左右回顧一則筆記，但由於筆記是用自己的話寫的，所以回顧起來沒有太大的壓力，我可以很快記起並理解相關知識點，繼而使它們得到鞏固。

　　或許你會說，好像其他剪藏類產品也有類似的回顧功能？兩者看似很像，實則完全不同。因為如果你的筆記裡都是以往收藏的上千字文章，那麼即使有回顧提醒，你通常也沒時間、沒心情再去翻看，於是錯失回顧的價值；而如果你的筆記裡充滿了自己

的想法，篇幅也不大，那麼你會很容易完成對筆記的回顧。

這就是 flomo 的回顧功能和其他產品不同的地方──不是功能有多強大，而是以終為始，幫你真正完成回顧筆記的動作、享受回顧筆記的價值。比如，flomo 首先鼓勵你改變做筆記的方式，記錄自己的想法，篇幅不用很長，基於此，你才更容易完成回顧。

回顧筆記時，除了瀏覽過去的記錄內容，我還會跟回顧到的重點內容進行「互動」，即重複前述兩個動作──補充當下的新想法、新案例，重新整理標籤。有了這樣的互動，我對相關筆記的印象會更深刻，分類會更清晰，未來需要用筆記的時候也就更方便提取。

當然，這只是我個人的一種用法，我們的用戶還發明了許多有趣的回顧方法，比如：

集中回顧沒加標籤的筆記，並給它們加上清晰的標籤，用來鞏固自己對筆記的理解。

特別回顧讓自己開心的筆記，讓自己懷著美好的心情或感恩的心態開啟新的一天。

如果你擔心自己忘記回顧筆記這件事，還有一個辦法供你參考，那就是設置手機桌面小組件。除了 App 內的「每日回顧」功能，我們還設計了手機桌面小組件。使用它之後，你每次解鎖手機，都可以在手機螢幕上看到一則自己記過的筆記。不僅如此，你還可以借助 flomo 的微信公眾號等管道提醒自己：又到了

回顧筆記的時間。

我們常說，重要的不是記錄，而是思考。而回顧筆記，就是引發思考的重要契機。

對了，如果你回顧完當天的筆記則數，完成了每日回顧這件事，你還能看到我們為你準備的一個小小的慶祝儀式。期待你去探索一番。

附圖 11

雖然我們是 flomo 的開發者，但我們亦知道其局限性，比如不擅長做大綱筆記和思維導圖，這方面「幕布」更加擅長一些；比如不適合做待辦清單和項目管理，這方面「滴答清單」更適合一些。

　　其實對於使用者來說，與其尋找 all in one 的工具，不如尋找合適的組合——就像瑞士軍刀功能再強，廚師、雕刻家、維修工也不會將其當作自己的主力工具。所以，如果你想找一個 all in one 的筆記工具，那麼 flomo 顯然不是一個好答案。

　　但如果你只是希望記錄自己平日裡的想法川流，那 flomo 或許值得嘗試一下——別擔心，它的大部分功能都免費可用。歡迎你使用 flomo，比起希望你愛上這個產品，我們更希望你可以借助它積累你的知識財富，一步一步變成更好的自己。

　　我還記得 flomo 上線一年後，和 Light 散步至上海音樂學院附近的那個場景。當時我們正聊著維根斯坦和羅素，他突然說：「我知道 flomo 的哲學意義是什麼了——持續不斷記錄，意義自然浮現。」

後記

這本書的出版是一場「慢直播」

這本書簡體版最後附的那張拉頁背面，是致謝頁，也是數千位「創始讀者」的姓名牆。之所以有這個姓名牆，是因為這本書的誕生源自一次實驗：如果我們「直播」一本書的創作過程，結果會是什麼樣？

為何會有這樣奇怪的實驗？因為大概在二〇二二年，我和Light 就想把 flomo 101 裡關於做筆記的方法等文章，系統地整理成一本書，以幫助更多對做筆記或知識管理有困惑的人。

但作為普通人，誰還沒點拖延症？雖然屢次嘗試動筆，但我們總會被這樣那樣的事打斷，導致一拖再拖，出書彷彿成了一個完不成的任務。後來仔細一想，拖延的原因很簡單——寫書這件事週期太長，回饋太弱，收益非常不確定。

這話怎麼說？其實剛開始打算出書時，就有朋友勸我們：「寫書不划算。你不僅要花很長時間寫作，而且在這個過程中很少得到回饋，無論是正面回饋還是負面回饋，都幾乎沒有——就像一個人在黑夜裡走路。就算最後你寫完了，大多數書也就賣個

兩三千本，還不如做成線上課程賺得多。」

但我和 Light 都是痴迷於書的人——十年前我們還一起做過一個二手書漂流網站「擺擺書架」，所以我們就想，能否改變傳統出書那種漫長而孤獨的寫作模式，透過重新設計寫作環境，讓上述問題得以解決？進一步說，如果我們能做到這一點，摸索出可複用的經驗，那麼更多優質作者就有機會把自己的經驗、知識結集成書，傳遞給更多讀者。

具體怎麼做？「小報童」是我們給出的一個答案。

先介紹一下小報童。對作者來說，小報童是一個創立付費專欄的工具。使用小報童，一位作者只需簡單幾步，就可以創立一個屬自己的付費專欄，並透過為讀者創作優質內容獲得體面的收益，而不用被迫蹭熱點、搶流量、植入廣告去變現。對讀者來說，小報童是一個訂閱付費專欄的平臺。訂閱專欄後，讀者可以透過訪問小報童官網、開通郵箱投遞或關注「小報童投遞」微信

公眾號等形式，獲得作者更新的提醒，並和作者建立長期聯繫。

為何說小報童是一個答案？因為它讓我們開頭說的「直播實驗」有了實踐的基礎，具體過程是這樣：

起初，當這本書只有主題、大綱和部分樣稿的時候，我們就在小報童上建立了一個付費專欄，並向所有購買專欄的用戶介紹，這個專欄講什麼、內容規模有多大、更新週期是多久等等。

接著，我們透過 flomo 的各種用戶群，向大家告知我們希望借助連載線上專欄這種「慢直播」的方式寫這本書的想法。沒想到，短短幾天內就有幾千人付費購買了這個剛剛啟動的專欄。

有了幾千位創始讀者的支持，我們最初的疑慮（比如「寫了這本書沒人看怎麼辦」）煙消雲散。我們動力滿滿，目標也更清晰——為了這幾千位創始讀者也要好好寫下去。

更為驚喜的是，連載過程中，很多熱心的創始讀者不斷與我們互動、給我們回饋——小到某些錯別字，大到對案例的疑問或對章節主題的建議等，紛紛提出和這本書相關的問題。這就讓原本在圖書出版後才可能獲得的回饋，提前出現在了創作過程中。這些回饋幫我們及時調整了後續的寫作方向。

除此之外，創始讀者在本書的社群裡也經常討論相關話題；我們還做過幾場影片直播，和大咖連麥，交流做筆記的方法，並對讀者的典型問題進行答疑——這些都為本書的創作增添了許多新的靈感與素材。

你看，我們透過在小報童上開通專欄連載這本書，透過這種「慢直播」的方式，把原本孤單、漫長的寫作過程，變成了一個需要在固定週期內交付且擁有迷思回饋的事情。並且由於提前得到了大家的預付支持，這筆良性的「債務」也倒逼我們必須保質保量地完成創作。從某種意義上說，這種良性的壓力，正是我們之前創作所缺少的根本動力之一。

當然，在實踐過程中，我們也踩了不少坑。比如剛開始高估了自己的創作速度和創作能力，遇到意外就想拖稿；比如連載時對整體結構的考慮不充分，導致進入編輯出版環節時，我們又大幅調整了整本書的結構——這裡必須要感謝一下編輯們，如果不是他們幫忙提出修改意見、督促修訂，恐怕這本書還要晚半年才能面世。

　　那麼，最終結果如何呢？從立項伊始到進入編輯出版環節，這場「慢直播」累計有超過六千位創始讀者參與，其中一部分讀者還形成幾十個微信群，提供了幾百條寶貴的回饋。這一切對於我們來說，已經遠遠超過預期。

　　以上就是這本書的誕生過程。如果你也想寫一本書，但遲遲沒有動手，或許可以試試這種「慢直播」的方式。如果你有興趣嘗試，我們在小報童（https://xiaobot.net）等你交流。希望你能比我們獲得更好的成績，踩更少的坑。

　　在整個「慢直播」過程中，我們要感謝每一位創始讀者的支持。為表達感謝，我們如約把大家提交的小報童暱稱印成了一張致謝頁，附在書的最後。

　　除了創始讀者，我們還要感謝曹將、成甲、劉飛的時間與分享。在專欄寫作過程中，他們不但作為嘉賓與我們連麥直播，還毫無保留地分享了自己做筆記的習慣與方法，其中不少案例都被收錄到這本書裡，在此表示由衷的感謝。

　　一本實體書的交付，離不開專業團隊的支持。在這裡，我們

要感謝得到圖書，以及得到 App 諸位同仁的傾力相助。如果沒有大家的支持，我們可能很難有勇氣修訂整本書，並按時交付。

感謝我們的編輯丁叢叢幫忙梳理了整本書的框架，並站在讀者角度提出許多建議，還幫我們安排了多次「專家會診」，陪伴和支持我們熬過了這本書艱難的重構時刻。

感謝白麗麗的統籌和幫助，感謝陳宵晗、許晶、張羽彤、劉歡、胡舒迪、韓琳在營銷和通路方面的支持，感謝張慧哲在書稿審校方面的支持，感謝周躍在裝幀設計方面的支持。

感謝宣明棟，宣老師在策劃階段對本書提出的靈魂拷問，以及對方法論的提取概括能力讓我們嘆為觀止，也幫我們理順了整本書的結構。

感謝羅振宇、脫不花為本書提供的寶貴建議，感謝他們從定位、書名等各個方面給予的啟示和幫助。

最後還要感謝 flomo 團隊的所有成員，在我和 Light 花費大量時間創作期間，確保了 flomo 產品的穩定與迭代；感謝興宇 LUXU 為 flomo 設計的 logo 和字體；感謝我和 Light 各自的家人在我們創作期間給予的支持與理解；感謝我們的朋友范冰、古典對本書提出的建議，給予的支持和回饋。

雖然有諸多遺憾和缺陷，但《筆記的方法》1.0 版本至此完結。希望幾年以後，我們能為你帶來這本書的 2.0 版本。如果你有關於這本書的建議，歡迎透過郵箱 book@flomo.app 與我們聯繫。

人生顧問 544

筆記的方法

作　　　者	劉少楠、劉白光
責 任 編 輯	龔橞甄
校　　　對	劉素芬
封 面 設 計	兒日設計
內 頁 排 版	顧力榮

總　編　輯	龔橞甄
董　事　長	趙政岷
出　版　者	時報文化出版企業股份有限公司
	108019 臺北市和平西路三段二四〇號四樓
	發行專線　　02-2306-6842
	讀者服務專線　0800-231-705・02-2304-7103
	讀者服務傳真　02-2304-6858
	郵撥　　　　19344724 時報文化出版公司
	信箱　　　　10899 臺北華江橋郵局第 99 信箱
時 報 悅 讀 網	www.readingtimes.com.tw
法 律 顧 問	理律法律事務所 陳長文律師、李念祖律師
印　　　刷	家佑印刷有限公司
初 版 一 刷	2025 年 1 月 3 日
定　　　價	新台幣 450 元
	（缺頁或破損的書，請寄回更換）

筆記的方法 / 劉少楠，劉白光著 . -- 初版 . -- 臺北市：
時報文化出版企業股份有限公司 , 2024.12
　　面；　　公分 . -- （人生顧問；544）
ISBN 978-626-419-008-4(平裝)

1.CST: 學習方法 2.CST: 筆記法

　521.1　　　　　　　　　　　　　113017317

ISBN 978-626-419-008-4
Printed in Taiwan
本著作中文簡體版由新星出版社出版
本著作中文繁體版通過成都天鳶文化傳播有限公司代理，經北京思維造物信息科技有限公司授予
時報文化出版企業股份有限公司獨家出版發行，非經書面同意，不得以任何形式，任意重製轉載。